U0124324

出擊吧！

讓你從紙上談兵　到被動月入10萬

奪回你的人生主導權

房地產教練 **吳建賢**（Cosmo）／著

Cosmo

目　錄

推薦序 – Judy　電電租股份有限公司 共同創辦人 / 004

小米　電電租股份有限公司 共同創辦人 / 006

喬王　「喬王的投資理財筆記」創辦人 / 008

唐　　世界級半導體封測公司 製造部資深經理 / 011

威爾　力積電PSMC 專案副處長 / 013

自　序 – 濟弱扶傾，並不是高大尚的夢想！ / 016

chapter 01　啟航，拿回人生主導權

01　無中求有，有再求好 / 028

02　下班後的你，決定20年後的你 / 034

03　蹲低，是為了更高的目標 / 040

04　在受挫中，領取生命的禮物 / 046

05　最讓你勞心的項目，可能就是你的鑽石 / 054

06　臣服的收穫 / 066

$ 房產投資小教室

善用時間複利，包租公也能透過房產錢滾錢 / 072

破浪，從單打獨鬥到團體戰

07 去蕪存菁，做中學 / 078

08 在需求中創造機會 / 086

09 系統的力量 / 094

10 購屋教練 / 110

💰 **房產投資小教室**

投報10% 到翻10倍的包租投資術 / 135

乘風，給想要成為包租公的你

11 新手買房「三要、三不要」，馬上領先80%的人！/ 142

12 簽約之前該做些什麼？/ 154

13 25歲晉升包租公婆──「合資買房」怎麼做？/ 160

14 如何評估房價？/ 166

15 房產投資全貸跟超貸，真的存在嗎？/ 176

16 新手房東必學，掌握八個重點就能輕鬆出租！/ 182

17 如何篩選好房客？/ 190

18 如何讓出租後的管理更輕鬆？/ 196

🏠 **夢想實踐　新手包租公包租婆理財見證** / 200

正確的財商觀，
始於一位有愛的教練

電電租股份有限公司共同創辦人 Judy

「一個很有愛的教練，是我所認識的 Cosmo。」

婚後生下第一個寶貝，我和老公做了個決定，就是讓我專心在家照顧孩子，當一個全職媽媽。從原本的雙薪家庭，轉變為只有老公的薪水在照顧整個家，伴隨而來的是，夫妻因此常常在金錢上有摩擦。積極想尋求其他被動收入的老公，透過同學的介紹，接觸了 Cosmo 教練的房地產接班人課程，在紮實的訓練中，完整了解房地產的生態，也在每一次跟 Cosmo 的財務諮詢中，讓我和老公建立了正確的財商觀念，並透過實戰演練且實際執行後，開始增加被動收入。

後來因緣際會，我開始跟 Cosmo 教練有進一步的創業合作。一起共事的這幾年，教練總是很有耐心的引導，讓容易發散的我學會聚焦，就如

同Cosmo常說細胞是有記憶的，只要持續操練，能力就會不斷累積。讓我很感動的是，在協助「電電租」創業過程中，他總是希望能照顧到一般社會大眾，思考如何能讓市井小民從生活中創造被動收入，打造個人微經濟。Cosmo專注在財商教育，協助人們架構被動收入系統，已經超過10年的經驗，他擅長引導我們找出自己的天賦才華，再加上他的財商策略，並親自陪伴我們持續操練。這本書除了分享房地產經驗之外，更多的是Cosmo的生命故事，一個很有愛的教練，是我所認識的Cosmo。

Judy

為房客打造「家」，
當個令人尊重的包租婆

電電租股份有限公司共同創辦人 小米

曾經，我以為買房投資，只是個遙不可及的想法！

我和Cosmo相識十幾年，在他開始分享房地產時，我從來沒有想過，我也有機會參與其中。

當時的我，存款少到不行，而房地產世界動輒就是上百萬的資金投入，聽到有經驗的包租公分享，再好的投報率似乎也都與我無關，怎麼想都覺得太難！直到有一次，聽Cosmo分享一個再簡單不過而我卻從未想過的觀念：「一個投報6%的商品，不論你投資10萬或是100萬，都可以得到6%的投報，只要願意開始行動！」

是啊！如此簡單的道理，我卻從來沒有思考過有這樣的可能性！於是，我開始了找人合作的行

動，找到熟悉投資房地產的朋友，用我的布置招租專長，與他們合作，就這樣用 10 萬元與人合資買房，開始了我的投資房地產之路。

上 Cosmo 的房地產課程，教的不是方法而是心法，方法一直都在，但心法卻需要從自己願意改變及相信的那一刻，才開始發揮效果！再來，我在 Cosmo 教的投資觀念中，最受用的是「架系統」。這三個字聽起來就是一個大工程，需要時間和耐力去完成，所以我學到的房地產投資，不是買賣賺價差，而是穩穩的領現金流。

一樣買房出租，但 Cosmo 讓我學到，原來出租的房子也能有「家」的體驗。用心的規劃空間及格局，挑選有風格又實用的家具、電器給房客使用，每次完成的作品，都是為了讓在外租屋的房客，可以有「家」的感受。感謝 Cosmo 帶我進入到房地產的世界裡，當一個令人尊重的包租婆！

「道」、「術」兼備的教練，
帶領迎向自由理想的人生

「喬王的投資理財筆記」創辦人、
「斜槓槓槓槓」音頻節目創辦人 喬王

「為了得到更好的，你願意付出什麼？」

我曾經在穩定又高薪的銀行擔任主管，因緣際會之下接觸了「財富方舟」與Cosmo。那時的我雖然在自媒體、房地產、線上課程領域已有小小的成果，但在正職與斜槓之間，仍然難以抉擇。

還記得第一次諮詢時，財務教練提醒了我：「你總是習慣圍繞著你所擁有的資源思考與行動，但你有想過你想變成什麼樣的人嗎？」這句話猶如當頭棒喝般打醒了我，讓我重新思考自己到底想過什麼樣的生活。

我很清楚，上班族不是我長期想要的生活，但是當時的我，就好像一個男孩將手伸進了糖果罐，

貪心地抓了一大把糖果，卻因為瓶口狹小而拔不出手來。然而，在瓶外的世界，我早已有能力拿到更多的糖果！

這時候，我該握住那一大把糖果？還是先放棄一部分糖果，抽身後再去拿更多糖果？當時的我沒有答案，教練雖然也幫我分析了利弊得失，但決定權仍在我身上。

後來我開始參與「財富方舟」的不同專案，也順利買下人生第二間收租房產。此時的我，除了確保被動收入足以支付日常生活開銷，也更明確了解自己想過的生活，因此放棄了人人稱羨的百萬年薪工作，踏上了理想中的自由工作者之路。

我認為：「好的教練，可以加速你成功的速度，不只是冰山上的財富，還包括了冰山下的信念。」坊間有教導房地產或財商的老師，通常都專注在「術」，也就是賺錢的方法，比較少老師同時兼顧「道」，也就是賺錢的根本法則；不過，在 Cosmo 身上，我看到他兩者兼備，也因此在他的輔導下，

幫助很多學員變成房產包租公，也得到心靈與金錢上的富足。

我在Cosmo的身上，看見了「企業家」與「教育家」的精神，為了讓更多人得到更好的生活，他付出很多心力培育每一位學員。那麼……為了得到更好的生活，你又願意付出什麼呢？

不妨先從購買這本書開始吧！如果你想當房產包租公，卻不知從何開始，這本書適合當作你的指引明燈；如果你已經是房產包租公，想更精進自己的能力，那麼這本書也很合適作為你的轉型典範。誠摯邀請你一起坐上這艘方舟，迎向你理想的自由人生！

不會一夜致富，
卻讓我心安過上身心富足的生活

世界級半導體封測公司製造部資深經理 唐

初見 Cosmo 教練，是在 2013 年「財富方舟」舉辦的「夢想一階」課程上，一邊玩著真人版的現金流遊戲，一邊透過教練的指引，體驗我與金錢的關係。至此 Cosmo 啟蒙了我對財富的認知。

透過一系列實地的操練，如：「MKS 財富金鑰系統」、「二房東專案」、「中古屋開發達人」，從如何找合適投資的物件、約仲介看房、看房的注意事項，與仲介、屋主、鄰居談判，到裝修、招租、代租管……等，由內而外一步步地建構屬於自己的被動收入系統，穩健的規劃退休後的金流，讓自己與家人可以持續過上身心富足的生活。

在追求被動收入的過程中，我參加過許多課程，其中不乏教導學員如何快速致富的方法，最終下場都不好，將自己辛苦攢下的存款，貢獻給捲

款潛逃的講師。記得 Cosmo 上第一堂課時就講：「如果您是追求快速致富的方法，那麼我們這裡沒有教，我們會請工作人員辦理退費給您。這裡是教授我們多年來在房地產的操作心得，讓您賺取合理、心安且合法的報酬，它無法一夜致富，卻可以讓您有穩定收益，進而達到財富自由的目標。」

如果你對自己的生活有所醒覺，不想過著出賣自己寶貴時間換取工資的生活，且想要讓自己有穩定的被動收入，不管你現在的條件如何，我都強烈建議你找到一位經驗豐富、內心強大且心存正念的導師，他將在你徬徨、迷惘時指引你正確的方向。而我，很慶幸 Cosmo 是我的導師，也推薦給你——他和他在房地產的投資心法。

遇上心靈領路人，
喚醒我「設計人生」的能力

力積電PSMC專案副處長 威爾

同樣來自竹科半導體業界的上班族，為什麼他過著跟我截然不同的人生？

基於好奇，五年前，我第一次參加了 Cosmo 的被動收入講座。

講座中提到的被動收入觀念，確實可執行、吸引人，但最令我震撼的是，被動收入背後，Cosmo 以電影《楚門的世界》（The Truman Show）為例，對人生的特殊解讀：「你就是楚門，什麼時候你才會醒覺，你的人生劇本竟非你所寫，而是由導演在控制劇情的推展？但除了你，誰都不該主導你的人生！任何時刻，你都可以自由選擇，走出那道海天之外的門，開始過你心靈渴望的人生。」

深深認同他的觀點，後來決定參與 Cosmo 發起的方舟計劃，開始喚醒自己「設計人生」的能力。

深入參與「RICHARK財富方舟」的各項活動之後，漸漸認知到，若按照別人設計的遊戲規則生活，是可以活得很安全；而設計自己人生的遊戲規則，雖很冒險，但人生肯定會更精采。

跟Cosmo商業合作的這幾年來，歷練了數種不同型態的房地產案件，也碰上了幾乎所有在打造穩定被動收入過程中，該遇上的麻煩事，幸好有他一路默默支持，這些麻煩事都能迎刃而解，報酬率也漸入佳境。

我們並不常連絡，但這合作帶給我的感覺就像有個人，始終堅定的相信你，信任你可以搞定任何事一樣。這種感覺，讓人可以無所畏懼地做出決定，而且事後看來，都往雙方有利的方向推進，很神奇吧！

Cosmo還有種神奇的商業創新能力，不靠鑽漏洞、走偏門，而是深知遊戲規則的重要，同時也善

於創造新的遊戲規則。好奇他是怎麼做到的嗎？在這本書裡，你會看到許多拍案叫絕的實例。

很開心看到Cosmo願意出版這本書，因為裡頭揭露的觀點、思想和實際操作方法，必能幫助到更多善良的人，感受豐盛思想的驚人力量，同時還能教會你，如何善用規則，輕鬆打造富足生活。

這本書，可說是一位沒被房地產耽誤的心靈領路人，到目前為止的奮鬥筆記。且看他如何在創業的旅途上，一邊不忘提升自己的豐盛思想，一邊又引領著越來越多志同道合的夥伴，一起成為受人尊敬的房產創業家。

誠摯推薦給，值得豐盛的你。

濟弱扶傾，
並不是高大尚的夢想！

財富方舟學習平台創辦人 吳建賢Cosmo

　　我有位社團的大學同學，大學四年我們在各方面的能力皆旗鼓相當，他一直把我當成人生良性競爭的假想敵，從校園比學業成績、比社團表現，到出社會的工作成就。某一天，我們倆聊起了成長背景，聊從小到大的生活，他頓時像發現了什麼大事般的對我說：「Cosmo，我現在終於知道為什麼我再怎麼努力經營自己，都沒有辦法擁有你那種強烈的生命力！原來我們過去的經歷差了十萬八千里，經歷過那樣的生活，難怪你的心性這麼強，我算是心服口服了！」

　　我經歷過什麼？
　　其實，我只是經歷了一個很普通的清寒家庭生活。

沒有爸爸的清寒家庭

我三歲時，父親因病過逝，國小畢業的母親一人獨自扶養五個小孩子長大，印象中我從小學二年級開始就跟著母親到處幫傭、打掃、煮飯。辛苦嗎？對一個幼小的男孩來說，能跟著媽媽到處去工作是一件頗有成就感的事，我對自己可以幫上家裡而感到開心，聽到別人稱讚我成熟懂事也很得意，但這一切在進入校園之後就改變了。清寒家庭的身分讓我被貼上「窮苦人家」的標籤，身上總有著一個自卑的陰影揮之不去，也因為常被嘲笑沒有爸爸，而哭過無數次。

小學時的某天下課時間，原本是一個小學生一天非常開心的時光，但此時耳邊傳來比雷聲還大的廣播，打進了我的心裡：「以下唸到名字的同學，請到校長室領取清寒獎助學金及禮物⋯⋯」頓時，幼小的心裡感到深深的恐慌和焦慮，我是多麼多麼地不希望名字被唸到⋯⋯

「……、Ｘ年Ｘ班吳建賢、……」是，是我，這下全校的人都曉得，我家很清寒了！

當下的我無法形容那是個多麼為難的情緒，我低著頭快步走到校長室，抱回校長口中的清寒補助，一個可以幫媽媽減輕負擔的註冊費紅包，還有我夢寐以求的全新球鞋、好幾個從不敢奢望可以使用到的文具。但我寧願通通不要，只要讓我當一個平凡的普通學生就好，捧著一堆禮物，我不知要帶著什麼心情走回我的教室、我的座位，只記得那是一段很漫長、很漫長的路。

耍流氓卻遇到流氓導師

或許是自卑心作祟，我打架、鬧事、偷錢、耍小聰明、爭輸贏，只想用自己外在的強大掩飾內心的自卑。一路上母親不曉得做過多少次老師們的「家庭訪問」，除了一頓又一頓的責罰，也無計可

施。直到小學六年級，一位老師改變了我的一生。升上六年級，我們換了位「流氓導師」，臉上有個刀疤，印象中教課能力一般般，但教導做人做事的能力卻讓我一輩子也忘不了。

在某次機緣裡，老師指派了我當班長，那是我長那麼大以來第一次當領導者。某天，在一堂自修課裡，我因為心情不好，放任全班吵鬧不管秩序，剎那間，全班安靜下來，抬頭一看，老師突然出現，那雙不悅的眼神，讓我第一次感受到寒意從背脊涼上來的感覺。

「班長咧？」
「又！」我反射地起身答應。
「過來。」聲音低沉又威嚴。

當時我滿腦子只想著如何逃避責任，在往講桌前進的沒幾步路上，腦海演練著無數個藉口，上前還來不及開口，啪！啪！兩巴掌實實地落在我的臉上。

「回去！所有人安靜自修！」老師拿了個東西，便離開教室，而我帶著滿腹的委屈，強忍著淚水，坐回自己的位子上。

　　後來的日子裡，我漸漸了解，這兩巴掌其實是在教我什麼叫做「負責任」。這位老師不在意我的過去，更不在意我是否出身清寒家庭，只在意可以給我什麼磨練。很多時候我並沒有進教室上課，而是跟在他旁邊做事；我的成績不是班上最好的，但國語和數學習作卻要我上臺幫同學訂正，他只坐在後面看；回家功課要班長來派，派錯了我要負責；全班犯錯不責罰我，而是打全班手心並罰半蹲，還要我在旁邊看；所有班上大小事，他只問我要怎麼處理，讓我做決定，並為決定負全責。

　　就這麼神奇的，短短一年裡，昔日叛逆學生變成了模範生，成績也突飛猛進，進入班上的前幾名，畢業時還代表班上到校外領取模範生獎。謝師宴那天，老師自掏腰包擺了六桌，請來學校校長及

各處室長官一起同樂，重要的是，還備了一個冰桶，裡頭全是酒精性飲料，那年我13歲，也是我人生中第一次喝醉。

原來世上還有人比我更苦

進入國中之後，我的成績始終維持名列前茅，一次，老師在班會宣布一項政策，將成績好的同學與成績倒數的同學配對分組，協助同學複習作業，希望能拉抬全班的總成績。我被分到的那位同學，平時不太愛說話，總是板著臉，表現一副少惹我的樣子，或許是小時候單純和天生熱腸子，我不顧他的冰山臉主動找他複習功課。幾次交談下來，發現他不是傳聞中的難相處，似乎也很願意學習，我們相處幾個禮拜後，他的學業成績也很快地有起色，我們兩個都很有成就感，但開心的日子沒多久，就在期中考前，他突然請了好幾天假。

他再次來上課時，彷彿變了一個人，剃了一個三分頭又更顯得消瘦，我立刻跑去找他，佯裝不悅地問他這幾天究竟是怎麼了，怎麼可以都沒來上課？而他彷彿把我當成陌生人般無視於我，一句話都不說，一個眼神也不看我。我死纏了他幾天，憑藉著幾個禮拜以來對他的了解，相信他不會不理我，直到期末考前夕我終於火大了，對著他大吼：「我再也不想管你了，隨便你想怎樣，反正你也沒把我當朋友！」當時，我看到他眼神中流露出悲傷，但依然一語不發的離開了。事後我才知道，他們家是開宮廟的，而他被選為乩身，因儀式規定，他的嘴裡被穿了幾個洞，還沒癒合的傷口和疼痛，讓他無法開口……

　　聽到的那一刻，我彷彿被雷劈震到，我不知所措，很想衝過去跟他道歉，但又不知該說些什麼，而更深一層的震撼是，我發現自己的內心除了為他感到心疼，竟有點感覺自己是幸運的。這是我第一次意識到，社會上還有人比我這樣出生於清寒家庭

的孩子更辛苦，更難擺脫命運的安排。之後他與我漸行漸遠，交集也越來越少。而身為國中生的我，也在這次經歷中下定決心要好好經營我的人生，因為我知道我是幸運的，或許我家不富足，甚至窮苦，但至少我還有選擇的機會。

感謝母親、社會局的阿姨叔叔，以及我的老師們

出社會十多個年頭，偶爾會再想起這些小時候的點滴，在闖蕩江湖的過程裡，時而醒思，時而感恩，在跌跌撞撞後，來到了相對和諧的人生階段，此刻的我，要感恩生命中的這「三個人」：

◇ 母親

或許母親只懂得用勞力賺錢，或許她的學歷只有小學，但我謝謝母親用生命教會我做人做事的道理。小時候，母親到處借錢，為的是要養活這五個

小孩，供五個小孩念書，成長過程中母親總是提醒著我們，要感恩曾經幫助過我們的人，長大有能力了，除了還債、還錢外，也要記得換我們幫助其他有困難的人。這麼多年來，這段話一直在我的心裡迴盪著……

◇ 社會局的叔叔阿姨

　　小時候，家裡偶爾會出現一些叔叔阿姨，說是政府單位要協助我們。長大後才曉得，因為他們，我們才能獲得政府單位許多的補助，不管是金錢或是物資。

　　或許這個年代，有人不滿我們的政府，不滿意哪個政黨，但這些都抹滅不了，有一群心地善良的叔叔阿姨們，認真做好他們的工作，幫助了社會上許許多多的家庭，我真心謝謝這群人，也因為有他們，我們家才能渡過重重的難關。

◇ 老師

　　這一路上，我很幸運遇到了好老師，他們鼓勵

我、支持我，給我減免補習費，給我表現、磨練的機會。在適當的時機，送我小禮物為我打氣；在我失意、難過時，陪伴我走過低潮；在我表現優異時，大大的嘉許讚賞我，從不把我當成清寒的小朋友，鼓勵我用能力換得想要的人生。謝謝你們，這麼用心的在一個孩子身上，讓我在求學的過程中練就十八般武藝以及成熟的心智。

「RICHARK財富方舟股份有限公司」成立至今，不敢說有多大的成就，但這十多年來，的確累積了許多能力與資源，也持續地回饋給這個社會。出書的目的，除了分享自身創業及房地產經驗，使有志一同的朋友不要走我走過的冤枉路，更希望自己的故事，讓大家看到如同本文一開始被同學形容的，我的「強烈的生命力」，期盼所有人都能發揮生命力，主導自己要的人生。

chapter *01*

啟航，拿回人生主導權

操控你人生的人是誰？
客戶的訂單、老闆的臉色，還是同事的配合度？
當你有一絲想法要找回自己的人生主導權時，
聰明的你，該做的就是踏出第一步！

01

無中求有，有再求好

不怕從零開始，

有能力的人被丟在任何陌生環境，

一樣能穩紮穩打帶隊作戰。

性格特質有時比專業更有價值

很多人說出社會後的第一份工作一定要慎選，因為它將奠定你未來在職場上的視野，對於這句話我持保留態度。我始終覺得，人想要活得多寬，最終還是取決在自己的手上。工作經歷帶來的，不是給人畫地自限，而是奠定你走向未來的基石，我的確從第一份工作中獲得相當可貴的觀念，它讓我知道，有能力者即使被丟入陌生環境，一樣能穩紮穩打帶隊作戰。

2003 年 5 月，我以資訊工程系背景錄取了台積電晶圓生產製造部課長，接到通知的當下，除了高興，更多的是滿腦子疑問。台灣第一晶圓大廠，請了一個只懂寫程式的工程師去管理晶圓生產線，是弄錯了還是跟我開玩笑？對方告訴我：「主管們很欣賞你過去在學校的經歷，希望能借重你過去豐富的社團經歷和領導能力，為我們製造部帶來新的作為！」我第一次了解到，台積電作為台灣龍頭企業代表，固然和領導者的統御能力、企業文化與產業特性等等有關，但我相信高層主管求新求變的思維，也占有關鍵因素，這樣的思維引領台灣半導體前進，也成就了我後來創業

「無中求有，有再求好」的信念基礎。

　　晶圓生產線簡單來說，即是將一顆顆原料矽晶圓從泡酸腐蝕、離子植入、蝕刻等程序，到最後成為積體電路晶圓的整個過程，而製造部課長管的就是這生產線的機械運作、人員調度，並確保生產順利。進入製造部之後我透過同事得知，同梯應試者中，只有我不是工業工程或工業管理背景，且我對晶圓生產完全一竅不通。底下領導的四位組長，每一位都是超過十年以上的資歷，平均每人帶領十到十五位作業員，並負責一部份生產線，即便是最基層的作業員也都比我專業，這些人都是前輩，我要怎麼領導人家呢？我的主管說：「就因為製造部都是很固定的作業，讓一個活潑的人來管理，也許可以創造新的氣氛，加油吧！」

　　沒辦法，既然人家都敢冒險用一個沒經驗的小夥子，我又有何懼呢？自此我硬著頭皮開始從頭學起，重新認識晶圓、學習生產流程環節、了解每條生產線的工作分配……，短短不到一年的時間，我有了一個重大的體悟，原來，製造部課長是可以不用存在的！作為世界指標性的晶圓大廠，台積電無論軟硬體

設備或作業系統，都已經具有相當規模，每日在生產線上實際操作的作業員一旦上手，技術上更無須指導，在這樣穩固的基礎下，唯一容易產生變數的就是「人」，所以課長最重要、也唯一必做的事情就是：「調解糾紛」！每一個產業總有一些事情是「不需要專業的來做」，而我在此時就扮演著這個角色。

在游刃有餘中，
主動尋找另一個發揮的機會

每周開會內容，皆是跟四位組長協調機台分配，偶爾作業員不合吵架、鬧情緒，我這個課長也要出面調解，除此之外，其他線上技術不需我出一分力，作業員穩定，一切都能順利。實際上，領導的本質不外乎——做決策、定方向、扛責任，讓所帶領的團隊能夠安心順利的完成手上的工作！這也是當初長官們決定聘用我的原因。

在台積電的前半年，我在犯錯、被罵、學習中前進，某種程度上我等於是在台積電從頭學習工業工程

管理，親身體會工作這種事情，從來不是照本宣科，所以即便沒有書本告訴你怎麼做，也可以想辦法得到答案。一年之後，我深刻發現自己的腳步停了下來，製造部課長的職責我已然熟悉上手，游刃有餘之下卻產生一種匱乏感，潛意識告訴我，自己要的生活不只如此。

我現在的事業與台積電看來毫無關係，事實上，那段時間除了讓我更確認自己的強項是在組織領導與溝通上，最重要的是培養我一個很重要的心理素質——「只要我願意做，從零開始一點都不可怕！」這個信念，讓我相信自己到哪個行業都沒問題，因為沒有框架反而更會用力去學，收穫更多，也因為這樣的自信，在我有念頭突破生命框架時，能夠義無反顧的前進。

方舟教練筆記 ....

- 想要主導人生，聰明的你，該做的就是踏出第一
  步！
- 只要我願意做，從零開始一點都不可怕！
- 有能力者即使被丟入陌生環境，一樣能穩紮穩打帶
  隊作戰。

NOTE

02

下班後的你，決定20年後的你

每個人都可以預測未來的自己，

最簡單的方式就是，

想想過去五年來你下班後都在做什麼，

然後再看看現在的你。

下班後，你都往哪一個方向走？

應酬聚餐、上課進修、朋友聚會、運動、追劇打電動，還是在無止盡的加班後疲憊的回家？人類的未來是自己創造的，並非說人生一定要多麼努力才可以，只是若能將眼光放到五年、十年後，你會很感謝現在這個想要突破改變的你。

在台積電的後期，下班後我經常和幾個同學聚在一起，從開始的單純聊天分享中，聽到其實很多人跟我一樣感覺自己困在現有環境裡。有些人只是單純發發牢騷，也有人正努力嘗試跨越現狀。我一面聽他們分享各種新的嘗試，自己也實際主動去接觸包含傳直銷、開店創業等各種機會。眼前看似滿滿遍地黃金讓我去撿，但心裡雖渴望又躊躇，不知道哪一條路才是我該走的，唯一可以確定的是，紙上談兵絕對成不了事，萬事只有親身實踐才有機會成功。於是，我白天上班，下班後再去學習投資理財課程，雖然不知道自己什麼時候會有籌碼入場，但我相信只要動起來，就是在為下一步蓄積能量。

不久，因緣際會從學長那裡接觸到身心靈課程，有趣的是，身心靈課程即使到今日在許多人眼中仍是一種沒實用性、與現實脫節的東西，其實當時的我也是這麼認為。眼見學長大力推薦，我心裡想的是：不妨就去聽聽，或許有機會可以把學長「救」出來！就這樣，帶著不入虎穴焉得虎子的心情，接觸了身心靈課程。進入之後才發現，所謂的身心靈課程與我原本的認知完全不同，它讓我看見另一個無限寬廣的世界。在課程中，我更加正視自己內心一直渴望想改變現狀的聲音，同時漸漸相信自己有能力改變，創業、投資房地產的念頭，逐漸在我的腦海中越來越清晰。

機會出現，也要你伸手去抓

「當你真心渴望某樣東西時，整個宇宙都會聯合起來幫助你完成。」這是《牧羊少年奇幻之旅》一書中最經典的一句，也確實在我的生命中驗證了。人的身邊一直都有各種機會，當你起心動念後，就會主動接近那些與內心渴望有關的人事物，當你開始幫助自己，宇宙也會幫你。2005 年我決定離開舒適圈，往

另一個嚮往的領域邁進，轉職的同時我也賣掉手上持有的18張台積電股票，拿出100萬與朋友正式進入房產的投資買賣，當時趕上了2003年SARS結束後房市攀升的時機，買進賣出中，開始真正累積一些經驗值。

三年後，我正式開啟斜槓人生。從走進身心靈教育工作、投資房地產、開美妝店、加盟85度C、成立財富方舟學習平台，這一切的轉變，身心靈課程的確在其中扮演很大的推動力。但在此並非是要鼓勵各位一定得上身心靈課程，而是提醒你察覺「下班後的你在做些什麼？」並且去思考「你正如何經營十年後的你？」從台積電到財富方舟，一路來絕對是跌跌撞撞。我關過店、關過公司，賠了幾百萬，曾經瀕臨破產要四處借錢，卻也因為這些挫敗才能累積足夠的能量，成為今日帶領財富方舟夥伴的船長。

這一切的起步，要感謝十多年前那一個下班後持續努力尋找機會的自己。我必須說，選擇安穩或精采的人生，沒有對錯和好壞的分別，每個人的性格有自己適合的生活方式，最重要的，是選擇一個不會讓自己

覺得憋屈、壯志難伸的生活方式。

　　我經常在課堂上告訴學員，無論你對自己的未來，做了多麼充足的準備與完整規劃，只要你仍然停留在紙上談兵的階段，一切都是零。我想，會拿起這本書的你，一定都是對未來有所想法的人，看到這邊，如果你決定先放下這本書為自己的人生主導權努力，我相信往後十年你的人生會相當精采；當然，如果你願意先靜下心來繼續閱讀，或許我的經歷可以讓你少走冤枉路，少奮鬥五年！

方舟教練筆記

- 雖然不知道自己什麼時候會有籌碼入場,但我相信只要動起來,就是在為下一步蓄積能量。
- 每個人的性格有自己適合的路,最重要的是選擇一個不會讓自己覺得憋屈、壯志難伸的生活方式。

03

蹲低，是為了更高的目標

「你想要過別人給你的安穩生活，
還是自己披荊斬棘後的燦爛人生？」佚名

棄高薪圓夢，從打雜開始

有一陣子，高科技人才放棄百萬年薪創業的故事是媒體相當熱愛的題材，有人覺得勵志，當然也有人看衰，對局外人來說，這可能只是一個平民勵志故事，但對於站在十字路口的我來說，卻是一場實實在在的心理交戰，現實與理想、金錢與自由二選一的賭注。

離開台積電後我投入了身心靈教育機構，白天上班晚上一樣和朋友經營合資的房地產事業，並同時加盟了85度C。2005到2007年間，我的時間幾乎被排得滿滿的，包含本業教育機構的職務、合夥事業的管理與投資，以及參與的加盟事業，沒有一件事情可以假手他人，也許是年輕體力好、衝勁夠，幾乎24小時on call的我，絲毫沒有半點辛苦的感覺。

生命的推手就是如此奇妙，此時財富方舟在我的生命藍圖中，甚至連胚胎都還沒成形，我卻已經在為它的出現蓄積能量。教育機構與房地產事業，兩個完全不同的產業，於我而言都是同樣的起步──從打雜開始！先談房產事業，當初合作投資房產買賣的四個人當中，一位是房屋仲介、一位研究房產多時、一位

對房貸頗有研究，只有我什麼都不懂，連最基礎的建物謄本都看不懂，就如同剛進台積電一樣，因為什麼都不懂所以被派到了管理職，執行的任務是──招租管理。這裡所謂的管理也就是打雜，從房屋維修、招租，帶看房、收租、房客溝通等，一切又回到我最擅長的溝通協調角色。

每每和人談起我是如何進入房地產業，我總是說自己是從打雜開始！此刻的你有發現嗎？大部分最好的管理者，都是從打雜開始，因為什麼都做過，每個環節的問題都了解，如此不僅能理解對方的難處，更不會輕易被人耍小聰明欺騙，親力親為的過程中，無形地增加了我的管理經驗值。

白天工作的教育訓練機構，看重的是個人身上的特質與做事的態度，讓我加入營運部門，工作內容實質上也是打雜，從預訂場地、物資準備及運送、搞定音響器材、排桌椅、狀況排除、找義工、訂車子、訂便當……都是我的工作職責，不僅內容繁瑣，工作時間也比過去冗長且極不穩定。有時即使不是我的場子，電話一來也要立刻到現場支援，幾乎全年無休的狀態

下，我的薪水卻不到過去在台積電的一半，當然產業別不同無法比較。後期我在創辦教育機構時曾一度想拉起這個行業別的薪資水準，但實際成為經營者操作時，才知道根本沒有足夠的毛利去實踐這個想法。

隨時調整生命的角度

收入銳減是我離開科技業投入教育機構前就有的心理準備，追求理想的過程勢必在現實中要有所退讓，只是，這個退讓帶來的回饋是否符合你原本的期望？這需要自己隨時去檢視。我開始發現自己的路不太對勁的時候，是覺察自己原來還是很在意白天這份工作的薪水。當初離開台積電，為的是想要追求不被限制，能夠自我發揮的主控人生，投入到教育訓練機構後，這個工作本質就是在支持別人圓夢，也能透過我的專才幫助他人，但當我以為已經在成就主控自己人生夢想時，實則卻還是依賴著白天別人給我的薪水，工作時害怕犯錯、害怕被罵，想法最後的決策權還是在別人身上，這不是我想要的。大約在入職一年左右，主動找了主管提出離職的想法，我希望能夠全心

投入自己的事業，百分之百主導的那一種。

　　此時的我，在乎的不是辛苦或收入與付出是否等比，而是當決定走一條跟別人不一樣的軌道，走錯或迷路都是有可能發生的，而「辛苦」是一開始就要有心理準備的投資成本，只是要記住一點──人蹲低，是為了跳起來能夠觸碰到目標！假如你發現自己的姿態與達成目標的方向不符，該做的是調整角度。

方舟教練筆記

- 親力親為的過程中，無形地增加你的管理經驗值。
- 「辛苦」是一開始就要有心理準備的投資成本，只是要記住一點——人蹲低，是為了跳起來能夠觸碰到目標！

04

在受挫中，領取生命的禮物

創業比打遊戲更精彩，

每一個關卡都會讓你氣血盡失，

但解鎖之後能力一定大升級！

創業過程的確很累、很挑戰腦力，但我從來不認為那是「苦」的。如果抗壓性夠高，並且能享受突破萬難後的爽快感，你就具備了創業最基本的條件！更重要的是，你必須親身經歷過這些挫折，才會得到生命給你的禮物。

「情」與「法」哪一個是商業合作的基礎？

我是一個講求效率的人，一直以來只要能讓事情圓滿處理、順利進行，自己多做一些，甚至被占點便宜都沒關係，但在商業場上求好求快，絕非事業運作的第一要件。

與朋友合資房產和管理招租時期，發生一個令我印象很深刻的經驗。我們在賣掉房子之後的三個月，某天買方聯絡我說發現房子的遮雨棚漏水，這個遮雨棚他從未動過，對方認為這是我們的責任，希望我方可以負擔修繕費用。我的個性一向圓融，期待跟每位合作者都能維持良好的關係，既然房子的問題可能在我們，加上又不是什麼大問題，我二話不說就答應，找

了師傅幫他維修後也支付了3萬多元的費用。原本我覺得幾萬元的小事情，可以換來買家對我們誠信的評價，是不算差的交易，但在我的搭檔知道此事後，卻狠狠的電了我一頓。

我清楚記得他說：「基本上我們合約簽完就是照著合約走，合約上清楚明白地寫著『依現況交屋』，他就有責任在過戶前確認好房子的狀況，不可以在交屋之後再回來要求我們！」他說的話我一句都無法反駁！沒錯，對房子的現況我們沒有任何隱瞞，過程中他也砍過價格，我們承擔了彼此的風險，怎麼可以在交屋之後的三個月回來跟我追溯房子的問題？

婦人之仁，沒有依法行事是我犯的第一個錯誤。接著他又說：「建賢，我知道你性格和善，事事都求圓滿，這件事先不論誰的責任，最重要的是，既然我們是一個團隊，要不要承擔賠償責任這件事情，都應該是我們一起討論決定的。雖然我們交情很深，但這始終是個規則問題，特別在法律上的事情，你要更加留意，不然將來會出更大的問題！」這些話真的是給了我一個大大的震撼教育，他又同時指出我另一個大缺

失——擅作主張，這的確也是團隊合作的大忌。即使事情討論後的結果，還是跟我的想法一樣，至少也是經過團隊一起協商的決定，這是規矩，更是尊重。

人生會不斷透過實際執行後，發現自己的不足，這件事的發生除了讓我重視商場上做人做事的態度，在經營事業上對「法律」的認知又更進一步。既然是一個業務上的交易，有法就該先談法，其他就是次要的因素。

你可以滿腔熱血，但不能沒有市場評估

年輕時總是特別充滿幹勁，原本在身心靈教育機構已經是沒有上下班的狀態，但幾乎卯足全力的我，並沒有因為這些積極的態度，讓我進入到事業體核心，最終，我還是意識到自己沒有主導權，因此離開了身心靈教育機構。然而，當時的自己並不知道，拿不到主導權其實和能力有很大的關係，於是我又去做了一個超乎自己專業和能力之外的事情——加盟美妝店。

當時在加盟展中，認識了一位美妝加盟總店老闆，相談甚歡之下就加入了總部，一起經營美妝店總部，從事代理日系美妝商品事業。離開教育機構後的我成了連鎖美妝店總經理，於我而言，進入非專業領域帶領團隊並不是新鮮事，我依然自信的認為自己很快就能掌握訣竅，但這次的冒險卻讓我摔了個大跤。

進入美妝界後，被趕鴨子上架的過程中，快速學到很多東西，然而我的內心每天都是充滿恐懼的。成立總部三個月後，每天大約下午兩點前就做完「我能做的事情」，但接下來到下班前，卻沒有一件事情是我使得上力的。為了不讓同事看到我沒事做，只能找地方去躲起來，但其實也不是沒事做，而是不知道自己能做些什麼，日復一日看著業績沒什麼起色，自己又不知道該如何讓公司變好，這對一個經營者來說是十足的折磨。

在那個年代，開架美妝店仍是一個新興產業，當屈臣氏還在走專櫃保養品的年代，我們已經開始定期到日本考察、帶貨回台灣測試並談代理，以為自己搶得先機，卻沒料到美妝店入門門檻很低，當開架彩妝

趨勢起步後，競爭者如雨後春筍般展開，而這些小品牌，最終還是敵不過大型連鎖美妝店的壟斷夾攻。當時，我們一家六坪的美妝店約有兩百支左右的商品，一般美妝店平均會熱賣的商品大概是二十到三十支，而財大氣大的「小屈」很聰明的跟那些當紅商品談了全台壟斷後，所有店家的業績瞬間跌落谷底。因為沒有做好市場評估，甚至可以說是不了解整個美妝市場，失去了明星商品後，我們毫無應對策略，自然經營不下去，只能關門撤場。

2007年3月，人生中第一次經歷從無到有開店創業，從找店鋪、談代理、招募培訓員工，一次成立了四家美妝店，其中一家更是我個人獨資，因此收店的時候，我的損失大約將近三百萬，這對二十七歲白手起家的我來說，是很大的打擊。11月收店後，我仍陸陸續續收到未繳的貨款、保險費、水電帳單，而可笑的是連電費單都看不懂的我，撤完店一年後才發現隔壁偷接了我們的電，前前後後賠的錢已沒辦法清楚估算。

短短不到一年的時間，賠掉我所有的積蓄，學到

的教訓也是我現在最重視的項目之一——市場評估。或許我的性格和應變能力，適合在創業的路上衝鋒陷陣，但僅僅開創並不足以讓我在創業上立於不敗之地。事業發展到一個階段，就必須專注扎根，否則我永遠只能像個遊牧民族般四處遊走。宇宙似乎又聽到了我的呼喚，這個時候我遇到了現在的合作夥伴David老師，讓我重回房地產業並與他共同成立了財富方舟。

財富方舟成立初期以教育開課為主，我主講財商與成功學，搭檔David老師負責房地產教學。過去我對房地產的了解，主要都是靠著從實際接觸的經驗中，看別人怎麼做、聽別人怎麼說，然後自己再消化吸收。說是實作中學習，也可以說是沒有系統地亂學一通。直到David老師出現，我從他身上穩紮穩打地學習房地產知識，才真正體驗到，系統性的知識在房地產業原來有極大的效益，這些知識可以幫助投資者少走很多冤枉路，更能有效率的達到自己的理想值。

繞了一圈還是你！這句話不只可以用在人的緣分上，原來也很適合放在人生的事業上，終究還是回到

了我最初的房地產與教育平台事業。在我們的課堂中，不乏有想法又敢衝的年輕人，很多人急於突破現狀，卻也恐於自己選錯方向。我想只有特別幸運的人，才會一開始就知道自己的志向，大多數的人進入職場後，總要經過數番歷練。從一開始先在「職業」中追求溫飽的安全感；經驗和積蓄累積之後，慢慢地從「事業」中找到自我成就感；能夠堅持持續探索的人，最後才能在「志業」中看見自己的使命感。職業、事業、志業這一路上，我們都在解鎖難題，步步前進。

NOTE

方舟教練筆記

- 開創並不足以讓我在創業上立於不敗之地，事業發展到一個階段，就必須專注於扎根。
- 在「職業」中追求溫飽的安全感；從「事業」中找到自我成就感；最後才能在「志業」中看見自己的使命感。

05

最讓你勞心的項目，
可能就是你的鑽石

「神是信實的，必不叫你們受試探過於所
能承受的。」哥林多前書 10:13

如果你的職場中有一個「固定亂源」，無論是經常找你麻煩的主管、同事或下屬，還是永遠讓你勞心勞力的重複事件，我不只要恭喜你，還要鼓勵你帶著開放、接納的心情去面對它，因爲正是我生命中曾經的「亂源大魔王」，成爲在我事業最低潮時，得以喘息並重生的恩典。

不專業入場，只能被完全壓制

　　在我和朋友合資房地產時期，當時一起合作的三位朋友，每個人都各自擁有獨資的房子，看見別人的成就，我當然也想要擁有一間屬於自己的房子。記得是2006年下半年，友人介紹了一間21年的中古屋，憑藉著過去一、兩年的經驗，我已經稍微懂一些投報率和物業管理知識，簡單作了評估並且也找了合作夥伴討論，因爲是第一次自己買房，希望他們可以多給我一些建議。夥伴們很鼓勵我買房投資，雖然沒有看過房子，但從我口中的分析描述也認爲是可行的，眾人一起跟我說：「衝吧！兄弟。」於是我便衝了，而且衝進去的第一步就撞個滿頭包還不自知。

原以為憑著自己的經歷和能言善道，應該可以在這一場沒有仲介，只有買賣雙方跟代書的交易中，順順利利地砍一個漂亮的價格，但萬萬沒料到這位六十多歲的賣方可不是個簡單的人物，一見面開口就捧我：「年輕人啊！你怎麼這麼厲害，我在你這個年紀的時候都不知道在幹嘛，長得帥又會賺錢，不容易啊！了不起啊！」一連串的稱讚先是把你捧上最高點，當你對自己開始得意的時候，警覺性就已經被攻破了一個缺口，最後，他再下一個關鍵性的心錨：

　　「你知道中和環狀線要通車了吧？」

　　「喔，對啊，有聽說。」為了掩飾自己功課做得不足，當時我只能連忙回應。

　　「果然是有做研究的，年輕人，你了不起喔，買這間房子一定會讓你大賺！」

　　我果然被環狀線給打中，礙於面子，雖然不甚了解這項工程但也不好意思詢問，在他們合力吹捧和環狀線的迷湯中，我速速地簽了合約，以為只要過個三、五年等環狀線開通，就能賣出獲利，結果環狀線在2011年才開始動工，直到九年後的2020年方正式通車，他竟然在十四年前就跟我賣這個議題！

我是在後續幾年的修練中才發現，原來自己在第一次買房就遇到專業的老投資客，被狠狠賺一筆也是一個教訓。這也是為什麼我每次在上課時都會告訴學員：「當你沒做功課的時候，你可以被牽著鼻子走到難以想像的程度！」

錯估行情，狼狽至極

　　在沒搞懂房貸行情之前，我認為憑自己的信用評分加上房價應該可以貸到八成，結果一問之下，銀行對這間房子的可貸金額只有570萬，此時我才知道自己需要準備280萬！那能怎麼辦呢？約都簽好了，還是得想辦法在最短的時間內湊足這筆錢，以為自己人緣好、人脈廣，加上自己懂房地產，至少可以說服別人一起投資，現實卻大大的搧了我一巴掌。在朋友圈中問了一輪，竟然只有一個人願意借我，而金額也僅有10萬元！時間緊迫，此時的我，並無心做世事難料、人心涼薄的感嘆，畢竟大家都是辛辛苦苦賺著自己的每一分錢。我謝過那杯水車薪的10萬元，硬著頭皮回家跟三位姊姊開口，這是我最後一條路。慶幸

的是，聽完我的敘述，大姊很快地拿出了一百萬，二姊、三姊各拿出五十萬給我，最終，還是親情解決了我的燃眉之急。

事實上，我手上並非沒有錢，只是大部分的資金都放入團隊中投資，無法隨意動用，且最主要的因素，是我自己也希望能夠趁著這個機會嘗試「零元買房」的投資方法。當初這個概念並非是從哪個管道得知，而是在研究房地產的過程，發現在貸款利率和投報率的計算中，「零元買房」似乎是有機會的，可惜我在第一步就錯估房價，完全打亂了這盤棋。但在後來自己和學員的幾次操作中，在自身條件和標的行情都配合的情況下，我們的確成功實現了「零元買房」這個概念。

第一次買房，從房子的貸款，加上姊姊們湊足兩百萬現金，以及二姊公務員身分辦了剩下的八十萬信貸，終於如願交屋。這是我人生中第一次實現「零元買房」，只是過程相當的狼狽。

修樓大師養成計

買下的這間房子是民國七十四年的建案，總坪數32.45坪，當時十九年的中古屋平均要價大概是18萬，算下來總價應該落在584萬，能夠買在一坪15萬以下的話才是真正的高手。房子內總共有八間套房，當年一間套房新裝潢大約是20萬，因此算上裝潢的金額160萬，最多就是開價744萬，然而，我整整花了850萬買了一個裝潢近十年的房子。

房屋總價　584萬（18萬 x 32.45坪）
+ 全新裝潢　160萬（8間 x 20萬）
─────────────
合理總價　744萬

房屋總價　850萬（26萬 x 32.45坪）
+ 10年老舊隔間
─────────────
我買的總價　850萬

我足足以高出市價106萬的情況下，買了一間裝潢老舊的公寓。第一個獨資房子入手之後，不太敢告訴大家我買了多少錢，作為「自以為專業」的包租公，既然要做隔套，當然是要買低才有賺頭，買到高點就是失手，以這種價錢成交根本是抬不起頭。但在我真正擁有這間房子之後才知道，買貴才不是什麼大問題，買到一個讓你修到天荒地老的房子，才是走進深不見底的深淵。

1.首先，就是可怕的鐵皮頂加！

　　二十幾年前多數屋主會在頂樓加蓋房屋做分割出租，不外乎是鐵皮做屋頂，而鐵皮屋頂年久一定漏水，這是因為舊式鐵皮屋的防水技術，是將鎖上螺絲的鐵皮塗上一層瀝青防水，但瀝青經過風吹日曬必定會出現裂痕，接著就會脆化，然後就要重塗，重複的問題每隔幾年就會出現。我真心建議，無論是買屋自住還是投資，初學者千萬別碰頂加的房子，否則各種漏水問題真的會讓你修到天荒地老。

　　大太陽底下的鐵皮屋溫度極高，我幾次正中午陪著師傅，在大太陽底下看他修屋頂，六十多歲的老人

家，在沒什麼安全措施的情況下爬上高處，不免為他心驚膽跳，他卻總是不在意的說：「討一口飯吃，有工作還是要做啊！」他也很好心的建議我花個十多萬塊打掉重做，至少可以撐個五年以上，不必每隔幾個月就這樣貼貼補補，但我想既然撐久一點還是會有問題，何必花這筆錢，更何況十幾萬對當時資金緊缺的我可是一筆大錢。於是我選擇過著今天漏水明天補，這邊補完換那邊的包租公生活，為了這麼一個頂加漏水，我前前後後不知跑了多少趟。

2.修好屋頂換地板

買房時若是遇到架高的木地板，尤其是頂樓加蓋的房間，務必要了解原因後再慎重考慮。當初在買房時，並不覺得這樓地板有什麼問題，某天房客在屋內突然踩了個空，才發現這架高的木地板下，根本就是水鄉澤國！

探查原因之後才知道，原來我們與隔壁樓的地板有高低落差，下雨時隔壁的水會流進我們這邊，直接滲到走廊地板再到房間底下。因為排水孔就在房間底下，前屋主處理的方式，是三個房間做架高木地板，

直接眼不見爲淨，但時間一久，排水孔被堵塞，支撐地板的木頭被泡軟泡爛，終於被房客踩破。我們才得以解開爲什麼頂樓房間一堆蚊子的謎底，原來不是因爲紗窗破損的問題，而是房間底下就養著一堆蚊子！

這次的問題比屋頂漏水還難解，我想不是簡單的修修補補就可以完成，因此特意找了B&X的師父來處理，心想他們一定比一般接臨時工的師傅專業。實際開工和師傅閒聊之後才知道，B&X或其他有品牌的維修師，其實也都是找外面的師傅合作，換上制服上門工作，品質一樣但會多收你一個服務費加發票錢，我又一個聰明反被聰明誤。幸運的是，我遇到的這位師傅相當有耐心，他是第一個這麼仔細教我防水知識的人，從他那邊我建立了很多防水知識和技巧。

他告訴我，預防房屋淹水或漏水，最重要的就是斷水和導水設計。討論之後我認爲這件事情一定要一次解決，於是便和房客協商，花了兩個月的時間將地板一次打掉全部重做，這次眞的把十多萬元拿出去了！

3.你永遠不知道問題又會從哪裡冒出來

　　某個颱風天夜裡一位房客來電，用一種近乎哀求的口氣對我說：「房東先生，你快來救救我們吧！房子大淹水了。」

　　又淹！我冒著生命危險騎了半個多小時的車，衝上樓一看，我驚呆了……窗戶旁的水是以各種大小水注狀的方式噴進房間，慌亂中我只能跟著房客，拿水桶接水或暫時用布堵住，那幕景象我至今難忘。

　　颱風過後我立刻再找了修窗戶的師傅到現場，一查才發現這間房子的窗戶原始設計本來就有問題，窗戶與窗框之間無法密合。師傅說早期的房子幾乎都會有這種問題，照理來說不會太嚴重，但當初立窗就沒有裝好，所以除了沒辦法密合，再加上這間屋子三面採光，等於全是受風面，一到颱風天或雨勢強大的時候，就容易灌水進來，即使我請師傅用最快速便捷的方式處理這些問題，他也只能打矽利康封住一部分。當初在買房時房間都已有租客，屋主表示不方便打擾每一位房客，只給我看了幾間房，我真的太傻太天真，竟然在沒確認過房屋全部狀態的情況下買房子！

就是在這次的修窗過程中，我第一次仔細看過全部的窗戶，我很驚訝的發現，冷氣口旁的缺口，竟然都是只用膠帶黏起來！我以為貼珍珠板打矽利康已經是最簡便的方式，原來還有這麼偷工減料的做法，著實讓我大開了眼界。

當然，師傅最後也建議我一勞永逸的方法，就是全部打掉重做，一個窗一萬多塊，加起來又差不多十多萬……。買貴真的不是什麼大問題，不曉得到底要花多少修繕費的擔憂，才是令人苦惱的大事。

別人眼中的破石頭，是我人生中的鑽石

交屋後的幾年，這棟房子簡直把我整的灰頭土臉，第一次親眼見到原來一個房子有這麼多可以修的地方，但我真心要感謝它帶給我的訓練。更確切的說，發生在這間屋子裡種種不合理的狀況，那些族繁不及備載的裝修經驗，實實在在地將我磨練成一個修樓專家。往後在看屋的過程中，我幾乎可以很精準的透過自己的判斷，精確找出一間房子的缺漏部分，需要

花多少裝修費在心中也有個底數，在談判議價的過程中，也能從房子的各種情形，找到雙方都能接受的議價空間，這樣的能力絕不是書本或任何老師可以傳授的。

每當我一次又一次地順利解決問題，心裡都會再次感謝過去帶給我無數困擾的麻煩事，包含那間房子，以及其它曾經讓我傷透腦筋的阻礙。人的成長都是因為生命中曾出現的絆腳石，我們不需要因為出現絆腳石就氣急敗壞、慌了陣腳，蹲下來觀察它，思考一下該用什麼方式搬走。不要覺得浪費力氣和時間，因為在搬運它的過程，就是你戰鬥值提升最快的路徑，如果幸運一點，在搬運的過程中你可能會發現，這個絆腳石原來是顆還沒被琢磨的鑽石。

NOTE

方舟教練筆記

- 買貴才不是什麼大問題，買到一個讓你修到天荒地老的房子，才是走進深不見底的深淵。
- 當你沒做功課的時候，你可以被牽著鼻子走到難以想像的程度！

06

臣服的收穫

先給、先做、先付出，
福報會在適當的時機出現。

網路上有一張對比梗圖相當有趣，兩個人同時在挖礦，一個人挖到一半放棄不挖了，另一個人仍然埋頭拼命挖，他們兩個都不知道的是，距離前方幾公分處就有一顆大鑽石等著他們。

我們或許不會知道自己的鑽石藏在何處，但如果上天就是安排我們挖礦，那麼就選擇一個順手好用的工具認真開墾吧！不管起點多麼狼狽，專注認真的經營，終究會看到我們的鑽石。

態度，決定他人的回饋

當包租公除了照顧房子本身之外，房客、甚至鄰居的問題與抱怨，也在你的管轄範圍之內。解決完頂樓加蓋的種種問題，緊接著本層的問題又出現了。我買的這間房子是五樓含頂加一起，某天住在四樓的阿姨告訴我她家的天花板漏水，她認為漏水源頭可能是從我們這邊的廁所開始。雖然滿懷疑慮，但我仍然找了師傅過來檢查，前看後看我們的廁所超正常，於是我回頭去找這位阿姨。

「阿姨，我來這邊已經三、四年，我想我給你的印象應該是個負責任的人吧？」

「我知道啊，我就是知道你負責才會跟你說啊！」

「那我跟你說，我已經找師傅討論過，這漏水的問題真的不是我們家的。一年前我就已經把地板磁磚都重新弄過了，所以一定不是我們的問題。」

「我不知道啦！反正我家的房子就是漏水了，你現在是不是想逃避責任？」

我見阿姨的態度是鐵了心把問題往我頭上推。好！沒關係，既然阿姨如此堅持，為了讓她眼見為憑，我直接請人把整間廁所的地板打掉。

「看，乾的吧！」理直氣壯的把廁所展示給阿姨看。

「哎呀！我不懂啦，反正我家就一直在漏水啊……」這時候她聲量變小，看著她苦惱不已的表情，我出於好意告訴她：「阿姨，我想水應該是從我隔壁那間漏下去的，我可以跟妳一起去看看，但妳可能要先約得到隔壁鄰居。」

大概覺得自己找到了不錯的靠山，阿姨欣然同意了我的提議，當天師傅就陪著她到隔壁，也幫她找到真

正漏水的原因，經過幾番協商，隔壁總算同意處理漏水問題。阿姨開心地跑來跟我說這個消息，這時我把握機會，態度委婉地告訴她：「阿姨，這次為了妳家漏水，我打掉整個廁所地板，期間還要麻煩房客暫時搬出去，前前後後我大概也花了四萬多塊呢！」阿姨聽完眉頭一皺，隨即回答：「好啦！那我跟你一人一半。」

雖然我本來根本不需要花這筆錢，但既然她這麼爽快，我覺得阿姨也算是很夠義氣，就接受她的說法，交了這個朋友。人生走到某一個階段，格局要拉大，千金難買好鄰居之外，有錢也不一定買得到鄰居的信任，當阿姨出了個難題給我，就看我能不能抓住這個機會取得她的信任。自此之後我們變成了麻吉，阿姨成為我整棟樓的鐵椿腳，每每遇上和我房子有關的狀況，她都會第一時間通知我，就算我之後請別人管理房子，也都能跟阿姨保持很好的互動。

記得有一天晚上，房客打來告訴我有警察上門臨檢，進去之後才發現，四坪大小的房間內竟然住了七、八個男男女女和兩隻小狗，警察懷疑這些年輕

人從事違法行為，將他們全帶走了。當我趕到的時候，看見整個房間一蹋糊塗，就算這間房子經過多次維修，我也不曾如此震驚過。房間被香煙熏的烏煙瘴氣，地板上十幾袋垃圾未清，而且到處是狗大便，整個房間臭氣熏天，我難以想像這些人到底是怎麼在這邊一起生活的？

還在發愁這間房間要如何重新裝修，就聽到門外警察正在盤查其他房客和鄰居，心想身為房東的我恐怕會惹上一場麻煩，但阿姨相當有義氣的在警察面前挺我，不斷向警察強調我是個多麼友善、負責的房東，當時我真的非常感動！

堅持之後的豐收

很多事情都是不到最後看不出成敗，這也是為什麼成功往往屬於堅持最久的人。一間讓我以超出市價一百多萬成交，又花了無數金錢與心力維修的房子，回饋給我的是，難以計算的價值。這間房子雖然給我帶來無數的困擾，卻也是它讓我有機會體驗到各種房

屋修繕狀況。雖然從一開始購入到維修都花了我大把的鈔票，但是在美妝店創業失敗、沒工作又負債累累的狀況下，也是它讓我有穩定收入而能夠養活自己。

其實，在我最艱難的時刻，曾經一度考慮將它脫手，但也不知道是哪來的信念，最終還是咬牙撐住沒有賣掉。2020年，終於熬到了中和環狀線通車，同時更振奮我的消息是，這棟樓已進行都更籌備事宜！十四年前我以850萬買下這間讓我灰頭土臉的房子，十四年後的今天，經過捷運通車和都更後，你猜猜看它預期的價值會是多少？答案是2400萬以上，相較於當年拿出來的280萬，獲利足足翻了好幾倍！

近期我在研究該案子的都更作業，看著整個區域平面圖時發現，當初的我運氣到底是有多麼的差啊！買到一間蓋在無尾巷、後面還有一排臭水溝的幾十年舊房子，無論從安全或風水來看，都只有一個「慘」字形容。我陪伴這間「起家厝」十餘年，它同時也回饋了我超乎想像的回報。從今天再回過頭去看，真的驗證了宇宙法則的因果定律。我們為人做事，究竟要不要看眼前的利益，還是先給、先做、先付出，這個問題值得每個人細細思考。

善用「時間複利」，
包租公也能透過房產錢滾錢

　　「時間複利」最常聽到的場合，不外乎是保險從業人員解釋保單的時候。的確，這是一個很棒的觀念，在我們進行投資時如果能善用「時間複利」，不停的把賺到的錢再投進去慢慢累積，複利就會搭配時間像滾雪球那樣，讓人有不錯的收益，而保險公司就是幫你用這樣的方式，以便在 10 年、20 年後可以回饋給你不錯的報酬。在我做過開店、加盟、傳直銷以及股票等投資，最後選擇回到房地產，是發現房產界的「時間複利」相對巨大且穩定，作為包租公，若能善用「時間複利」，那麼，回收的效果會令人相當驚喜。

租金成為你的流動現金流

　　大部分的包租公對於複利這件事情，可能不是那麼的清楚，有些人會認為，其實它是單利呀！我就是投資進去一筆錢，每個月會領到租金，這個概念大部分的人沒有把它轉過來想的原因，是因為沒有去好好研究什麼叫做複利，以及複利要怎麼運用。

其實複利並不代表每個月再投資進去才叫複利，每三個月、每一年能夠再做投入，這也是一種複利。打個比方，在善用房地產的情況下，你把每個月賺到的租金收入存下來，每隔三個月或一年，再投入到房地產或其他感興趣的投資理財工具，那就會有複利的力量在裡面。

　　簡單來說，就是不要把房租當成生活開銷，而是做為再創造其他投資的資本，長期下來，房子將會帶來比單收租金更高的獲利。

通膨是複利的關鍵之一

　　再來講時間的部分。時間在房地產裡有兩大好處，第一大好處其實跟「通貨膨脹」有關，在通膨的情況下，假設我在十年前用500萬買到一間房子，過了十年，它可能會伴隨著通膨變成625萬，就有一定的增值空間。

　　在這邊我們不講房地產被炒作的增值，我們談的是

因為通膨的關係，會有一個類增值的概念在裡面。當你掌握了這個要點，就可以在對的時間進入市場，房子有可能會因為通膨而增值。

當然，並不是每一個投資項目都可以做到「時間複利」這件事情，比如有些人會去買黃金、珠寶、名畫，這些就不一定會隨著時間或通膨而增值，所以房地產相對在這麼多的投資項目中，是相對看得到具體成長的一種。房地產之所以有這個紅利，是因為「土地」的關係。土地在都會區會有一個供給跟需求的狀態，假設供需不變的情況下，就會因為通膨，同一塊土地需要拿更多的貨幣來購買，這就是類增值的概念；若是需求越來越多，但供給不增加的情況下，會造成有更多的人想要購買同一塊土地，那就會創造「需求大於供給」的增值。

另外，隨著時間過去，我們的原物料漲價了、人力漲價了，相對應每棟房子要蓋的成本價格就要更高，才能夠付得起這些原物料及薪水，所以就有一個相對

的增值情況，這就是所謂的「時間」效力。

透過貸款增加投資資本

　　再來的第二個好處就是「貸款」。假設這間房子我當年買500萬，銀行估價500萬，那也只能夠貸款500萬的八成，如果過了十年這間房子重新估價為625萬，我就可以貸625萬的八成，也就是500萬，代表我買的這500萬房子裡面原本放進去的兩成100萬，在經過了十年之後，可以再增貸出來。

　　接著來說，增貸再加上複利的概念。我把增貸出來的錢再拿去做投資，而投資後產生的獲利，就有複利的力量在裡面，把它全部整合起來的情況下，你就會發現投資房產的複利是相當驚人的。

chapter 02

破浪，從單打獨鬥到團體戰

2008 年是我人生一個重要的轉捩點，「財富方舟」的成立，讓我在房地產界正式深耕，因為專注經營讓戰鬥力大幅提升，我的身分從單打獨鬥轉變為帶領團隊的教練，這個階段的挑戰，更是精采無比。

07

去蕪存菁，做中學

「嘗試一些事，遭遇失敗後從中學習，
比你什麼事都不做更好。」

Facebook 創辦人　馬克・祖克柏

爲了幫團隊創造更多效益，一路以來我們做過不少嘗試。有成功有失敗，唯一一件沒有改變的是，無論處在任何情況下，我們總是想方設法地讓這艘船維持前行。

記住跌倒的地方，
否則你會一直在這裡跌倒

　　自從跟著David老師一起在「財富方舟」開課，我同時也跟著將腦內的房地產知識革新進化。包含在路上看到電線桿貼紅單，該如何打電話互動？網路上如何找到好的標的？房屋謄本怎麼看？買賣合約如何簽？過程中也實際跟著David老師操盤了幾間房子，整整花了三年的時間，澈底優化我的房地產相關知識。

　　隨著實力逐漸累積，某一年公司決定以帶領學員一起從實戰中獲利的出發點，規劃了一個合購案。當時中和的房價每坪大約爲21～22萬，我們找到一間一坪19萬的中古屋成爲此次合購案的標的。根據我的觀察，除了些微壁癌漏水，其他看起來並沒有太大的

問題，爲了搶便宜先機我們很快簽約成交。但在簽約後不久，相識的同業在知道我們買了這間房後，跑來告訴我：「你知道那間房子鋼筋裸露，有可能是海砂屋嗎？」

又是一個因爲「貪」而沒有做足功課的下場！這棟房子如此「划算」的價格，想必一些消息靈通的投資客已經前來看過，我究竟是太急著下手以至於失誤？還是又一次認爲自己懂得夠多而誤判？這都不重要了，總之，我的人生又一次因爲自大自傲而承擔了不必要的風險，更慘的是，這次還拖著別人一起。

但慶幸的是，經過了解後，我們的房子並沒有被列爲海砂屋。事實上，要認定一間房子是否爲「海砂屋」，需要請專業結構技師前來測量。

依據內政部定型化契約，成屋買賣契約書範本如下：

內政部地政司成屋買賣契約範本
https://www.land.moi.gov.tw/chhtml/
content/78?mcid=4027&qitem=1

買賣契約書範本

一、八十三年七月二十一日以前，CNS3090 無訂定鋼筋混凝土中最大水溶性氯離子含量(依水溶法)容許值。

二、八十三年七月二十二至八十七年六月二十四日依建築法規申報施工勘驗之建築物，參照八十三年七月二十二日修訂公布之 CNS3090 檢測標準，鋼筋混凝土中最大水溶性氯離子含量(依水溶法)容許值為 0.6 kg/m3。

三、八十七年六月二十五日至一百零四年一月十二日依建築法規申報施工勘驗之建築物，鋼筋混凝土中最大水溶性氯離子含量參照八十七年六月二十五日修訂公布之 CNS3090 檢測標準，容許值含量為 0.3kg/m3。

四、一百零四年一月十三日(含)以後依建築法規申報施工勘驗之建築物，鋼筋混凝土中最大水溶性氯離子含量參照一百零四年一月十三日修訂公布之 CNS3090 檢測標準，容許值含量為 0.15 kg/m3。

一般老舊公寓，假設檢驗結果每立方公尺氯離子超過0.6kg以上，就會被認定為海砂屋。越接近0.6kg房子的斑駁情況就會越嚴重。一般而言，若沒有經過公證單位檢驗，只能以「疑似海砂屋」來說明，也就是即使數值在0.5或接近0.6都不能被界定為海砂屋。

好溝通、價格好，就可以了嗎？

裝修的前置作業是由我負責尋找工班，談了幾個師傅和比價之後，我決定把案子交給一位感覺專業、態度良好並且價格低的工頭。工程開始後的前兩個禮拜，一切都還很正常，到第三周之後稍微感覺進度有些落後，溝通了幾次工頭只是一直催著我先付工程款，就在我把工程半數款項付清後，工頭突然就消失了！

究竟是先付款再施工，還是施工後再付款？在包租公養成班的裝潢課程裡，總會再三叮囑學員：「找裝潢團隊時，一定要以施工後，階段性驗收完成再付款為優先選項！」因為，能夠接受階段性施工完再付款

的工頭，表示他資金流量穩定，對工程進度和收支有一定的把握；相反的，當工程中一直在催款項的工頭就要特別注意了，這代表他手上現金卡很緊，跟這樣的人合作通常是個不定時炸彈。那位工頭落跑之後，我才知道原來他手上一次承接的五、六個案子也在收錢之後，人就消失無蹤了，這個事件讓我們進行不到一半的裝修工程就損失了八十多萬。雖然這是一個合資案，理應大家一起承擔風險，但因為工班選擇及工程進度的主導者都是我，沒等大家提出異議，我就主動拿出八十萬賠給團隊，讓裝修工程順利完成。

沒多久，九個人合作的分割出租案終於順利將房間租出後，過程中陸陸續續遇到維修、房客投訴和其他行政管理等問題，雖然這些都是包租公本來就應該面對的問題，但有些人開始出現不滿的聲音，在維持兩年左右後，我認為應該做一個處理。我算了一個獲利給股東們，讓大家安全出場，而自己則是接收了這間房子。不了解內情的人不僅臆測，還到處酸言酸語我可能賺了不少錢，但實際上我不僅將那兩年的個人獲利犧牲出去，還補墊了一些錢給其他投資人。為了眾人的利益和公司信譽，這些事情我也只能往肚裡吞，

期盼一切順利落幕。

　　人生也許真的是如此，當你發出一個善意就會得到一個善報。因為我對這個案子處理得當，讓此合資案成為公司的一個成功案例，帶動後續類似的合資案，為公司帶來穩定的利潤。更令人驚喜的是，雖然多付了一些成本買下這間房子，現在也開始進行都更籌備了！由於它的坪數將近40坪，當初以不到800萬購買的房子，預估都更完畢之後價值會超過3000萬。

　　從2006年第一次買房，到近幾年陪伴學員們操作的一路上，我看見這個業界存在著太多爾虞我詐的亂象；現在的我有經驗且有能力做出對社會更正向的事，我依然相信先付出再獲得的宇宙法則，希望將自己累積的經驗分享出去，完成「教育」的使命。當學員們來到「財富方舟」學習平台時，我不會告訴他們「財富方舟」這個事業是無私的奉獻，而是在經營一個我們好、大家也好的事業。

08

在需求中創造機會

「清空你的杯子，

方能再行注滿，空無以求全。」 李小龍

2011年「財富方舟」成立的第三年，開創「財富自由夢想一階」的課程，進行了身心靈、財商訓練、房地產、金融投資等整合課程，廣結各路對投資未來人生有想法的人。而我們能夠保持持續前進的原因，就在於願意留心機會並且時刻改進。

當別人的服務不能滿足你，機會就來了

　　隨著「財富自由夢想一階」課程的進行，我們慢慢發現，在這些理念與願景相同的人當中，有越來越多人開始買房子，成為包租公、包租婆。「財富方舟」學習平台採用的是會員制，一路以來我們都在思考，如何優化並增加對方舟計劃尊榮會員的服務，既然會員們有相同的事業，就會有相同的需求，這也開啟了「財富方舟」另一個服務的機會。

　　身為包租公的我，長期以來都被租屋管理所困擾。當年自己獨資買房的時候，曾經找了一位阿姨協助代租代管；這位阿姨相當有本事，一個人管了約莫兩百多個單位的房間，小小的機車箱內裝了滿滿的鑰匙，

我估計她的月收入應該超過20萬。阿姨的工作，包含了幫房東從招租、帶看、收租、清潔甚至房客服務一條龍處理，初期在她的協助下真的為我省下不少時間。大約過了三年多，漸漸察覺到阿姨的管理有問題，我常常接到她來電話告訴我：「吳先生，房客說房租太高了，你要不要降個價，我想至少降個五百對方應該就沒問題了！」一開始覺得降價三、五百好像不痛不癢，就這樣如同溫水煮青蛙的過了三年，2010年8月我赫然發現總租金已下降到無法接受的金額，隔月更是雪上加霜，同時空了三間房，我意識到狀況很不妙，決定接回來自己管理，用兩個月的時間讓總租金增加了5000元！

後來有機會認識了一間代租管公司，在他們的建議下我決定嘗試轉型。先將第一間獨資的「起家厝」重新裝潢，原房東留下的阿嬤藤椅、80年代的舊式梳妝臺、衣櫃等家具全部回收，還將地板窗戶全部打掉翻新、徹頭徹尾的改造成現代化裝潢，花了大把的時間和鈔票忙活了幾個月後，終於把房子漂漂亮亮的交給代租管公司。原以為全新的房子、全新的管理方式，我終於可以坐享包租公的舒適人生，但是，我又錯

了，換了代租管公司之後，也換來了我更忙碌的日子。

　　後期回想，如果我是新手包租公，或許這間代租管公司是可以讓我買單的，但當時的我已在包租公界的荊棘叢林中打滾數次，不再是當初什麼都懵懵懂懂的菜鳥，普通的代租管服務在我眼中根本都是不及格，一個什麼都懂的房東遇到一群新手團隊，當然容易產生問題。每每有狀況出現的時候，總是我在告訴他們該如何解決問題，到最後甚至別人房子有問題也跑來找我商量，我儼然成了這間公司的教育訓練師。那個期間一向好脾氣的我經常在發火，總覺得自己花了錢僱人解決問題，卻反而像是在幫自己製造麻煩；而最讓人困擾的是他們公司流動率的問題，在經常換新手的情況下，導致相同的事情我必須一再說明，這絕對是對一個人耐性的最大考驗。

　　回到中立的角度來看，破局的商業合作，有時不是雙方誰對誰錯，而是合不合適的問題。簡單來說，他們的服務模式不該找我這樣的房東，而我這種等級的房東也不應該找初級代租管公司，除非我願意自我降低標準。什麼樣的需求等級找什麼樣的服務品質，這

是我越來越成熟之後看到過去的盲點。在我跳脫這個局，冷靜下來後，也才能夠理解為什麼代租管公司流動率高的原因，因為代租代管真的是一件非常瑣碎又辛苦的工作，絕對需要全套的教育訓練和實際磨練一陣子之後才能上手，在初期錢少事多的情況下，能夠留住的人才少之又少。

嘗試幾年的代租代管，始終找不到理想的合作夥伴，在看見「財富方舟」內的會員們也有代租代管需求時，2012 年 10 月我們集結當中八位包租公，出資成立「好租一二三股份有限公司（Rental123）」，準備透過自己訓練出來的團隊來解決問題。

本書的開頭提到在我邁入職場初期，台積電給我「無中求有，有再求好」的信念基礎，這個信念延續到我創業的每一個階段，從創立「財富方舟」之初到今日，從零打底、隨時求變求好，這不僅是「財富方舟」重要的企業文化，同時也造就了我們在業界中無可取代的競爭力。

開始，一定比想像的更困難

八個人，八個包租公，總共一百多個單位的房間，最初構想是大家集資成立一個代租管公司，如此就有足夠的資金聘員工，好好培訓成屬於自己理想中的代租管公司。但想法總是落實後才會看到問題所在，實際執行之後我們發現，代租管公司隸屬於不動產經紀業，是特許行業，不僅法規相當繁瑣，眉眉角角也很多，我們在人事成本上，無法撥出好的薪資聘請更資深的人，而能力不夠的新手卻沒辦法把事情做好，所以即使初期我們幸運地找到幾個能力不錯的朋友，願意在薪資上短暫犧牲一陣子，與我們一起努力同創未來的願景，但我知道共體時艱的日子一拖長，就沒人願意相信了，儘快獲利才是當務之急。

過去我和David老師，在房地產的買進隔套再賣出過程中有過幾次獲利經驗，自然會想用同一套方式讓公司賺錢。當我們著手去談後又發現，因為房市正熱，政府為了防止公司炒房，在貸款成數與相關條件上都比個人買房有著更多的限制。好不容易突破層層關卡限制，將資金投入市場並將房子裝潢好出租時，

已經是 2014 年底，而房市正好在 2015 年開始走下坡，一千多萬的資金就這麼卡住了。

原本規劃的商業模式是，初期以房產買賣的獲利來養代租管公司，再慢慢調整壯大，但第一步棋我們就因政府打房政策因素失利了，也是在這個時候我才領悟到，人生不能不未雨綢繆，布局一個事業體必須往後看五年、甚至十年以上的市場。此時房子賣不出去，原本預估的獲利沒有了之外，資金也全部卡住，股東們開始出現不滿的聲音。有人提出是否認賠退場，有人想要再尋其他管道，七嘴八舌的議論聲浪紛紛起來；於是 2016 年的某天，我召集大家開了一個會，這個會議的主要目的是請大家「閉嘴」，我告訴他們：「給我三年的時間，讓我重新整頓，三年後會讓大家看到成績。」

2018 年「Rental123」開始明顯的轉型，年底時有了小小的獲利能讓股東分紅，從 2019 至今營收都是持續成長，「Rental123」正式迎風向前。

方舟教練筆記

- 破局的商業合作，有時不是雙方誰對誰錯，而是合不合適的問題。
- 布局一個事業體，必須往後看五年、甚至十年以上的市場。

09

系統的力量

「企業成長靠的是人的思維，

企業穩定則要靠系統的力量！」 Cosmo

2016年到2018年不只是「Rental123」的轉型時期，同時也是我個人思考格局大翻轉的時刻，那幾年我重新研究以企業的角度看待房地產，包含買賣法規、經營布局；而在個人投資上，我可以靠自己的感覺和經驗去評估，遇到繁瑣的問題，雖然自己辛苦一點，但總是能慢慢解開。然而公司經營不能只看重個人能力，「建立系統」就成為了關鍵。

穩健啟航的三大系統

資訊工程背景出身的我，深知企業組織要穩定成長，勢必要走向模組化、系統化，而在人員可能隨時流動的過程中，也唯有資訊系統化才能維持公司穩定的品質。回顧「Rental123」過去九年的成績，就是透過三大系統建立，奠定業界中不可取代的基礎。

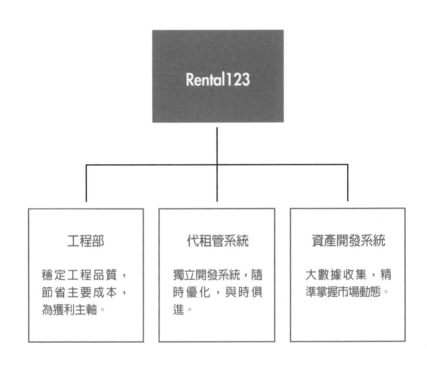

工程部

工程部的成立，我認為是我們轉型成功最重要的戰力。我相信長期經營隔套收租的人，百分之八十在裝修過程中都有過不好的經驗，並非我對這個行業有什麼偏見，而是裝修工程真的需要太多專業知識了。先不說運氣壞，遇到落跑的工頭，因溝通不良產生的期待落差，才是大家都會遇上的問題。

過去幾年來，只要有房子在進行裝修，就是我最勞心勞力的時刻。工程拖延逾期是正常，施工品質好壞要看運氣，最糟的就是工頭捲款落跑……在經過一連串的汙糟經驗後，2015年我們組成一個「室內裝潢小組」，開始為成立工程部做準備。為了找到在成本和品質皆符合理想的團隊，籌備兩年之久終於在2017年正式啟動，經歷兩年的整頓，公司出現相當顯著的成長。首先，是我們施工品質的提升，過去因為好的工班價格昂貴，請價格低的工班就得忍受拖延和品質不良問題，自從有了自己的團隊，我不能說我們的裝潢是業界最好的，但絕對是品質最穩健的。而穩健正是一間企業長期經營不可或缺的關鍵，目光長遠的投資者，看的不是爆發力，是企業長期穩健的續航力。

再者，公司的營收也在工程部成立後逐漸上升，原因很簡單，因為裝潢工程營收遠遠大於代租管。一般而言，代租管的營收是代收租金的10%，即使我們收了100萬的租金進帳，只會有10萬的營收，而裝潢工程則不同，平均一個工程案發給小包之後，雖然只有15～20%的毛利，但營收卻是足額認列，所以一樣100萬的工程收入，可以認列的營收是100萬，足足是代租管營收的10倍。有了大量又穩定的營收，銀行就越是願意跟我們合作，當銀行願意提高貸款金額，公司就有更多的資金可以靈活運用。就是這一連串的蝴蝶效應，為我們奠下第一個穩定的基礎。

工程部成立後不久，中和南勢角發生一起嚴重的出租套房縱火案（2017年），凶嫌因挾怨報復，在樓梯間縱火造成九死兩傷，火勢撲滅之後經有關單位和媒體報導，發現這間出租套房的屋主，將主建物的二到四樓以及頂樓加蓋，一共四層樓隔了51間房，單間房間約三坪大小。由於屬木造建物、室內以易燃材料裝修、缺乏防火區隔、逃生通道不足、空間狹窄、再加上沒有防火設備，且起火點就在該建築物的唯一樓梯逃生口，才會釀成嚴重災禍。事件之後，新北市開

始接到多通違建檢舉，就開始強力執行拆除列管中的200多件頂樓違章建築，同時也制定更嚴格的室內裝修審查相關法規。當時，由於我們率先在兩年前就投入室內裝修審查相關研究，當政府開始嚴格要求的時候，我們比業界多了一些經驗和知識，所以在各項工程上，能夠如期且毫無阻礙的持續進行。

代租管
系統

台積電製造部兩年多的訓練，我很清楚企業生產系統化及產品模組化的重要性，這是長久維持品質穩定的不二法則，所以對「Rental123」的企業結構而言，發展資訊系統化，絕對是必然之路。

傳統代租管經營，即使已有一套系統性的訓練，管理者仍需累積相當長時間磨練才能真正上手，因為與房客互動及物業管理是靈活且細節並行的，想找到同時擁有這兩項特質的人才，實屬不易。於是，資訊工程背景的我身兼網站專案經理與企劃，從零開始設計一套我們認為能夠全面服務房東及房客的系統。我們

要做到讓每一間房間，都有專屬且完整的後台管理系統，如此一來，無論是任何人接手，即使是完全不懂的新人，也能透過這些資訊立刻上手，了解一間房子八成以上的狀況。這套代租管理系統足足花了四年的時間才漸漸上軌道，前兩年架好主結構，再用兩年的時間優化調整，雖然在起步足足費了一番功夫，但在系統上線之後，我們就可以長長久久地享受它帶來的成果。

初期在架設這套系統時，有股東建議為什麼不直接用現成的套裝軟體，成本低又能立即上線！企業的資訊系統究竟要採用公版模組，還是自行研發？兩者都沒有對錯，端看企業的目標是什麼。我舉Google這家國際企業為例。Google晚了Yahoo！兩年成立，鴨子划水式的低調前進，讓一般人看不出有什麼特別。持續尋求更好的答案是 Google 的經營理念，2008 年其推出的Google Chrome，三年後躍升世界第三位，在瀏覽器市場的排名僅次於IE和火狐，2018 年全球市佔率更是已經超過60%，上市之後，創始人賴利・佩吉和謝爾蓋・布林還特別承諾，不會讓上市影響企業本身的文化。正因為Google從底層

就是自己雕刻出來的企業文化，是一間擁有自我理念的公司，而且核心系統是自己的，無論未來局勢如何變化，它都可以迅速調整。「Rental123」的資訊系統就是這樣，起頭就耐心的搭建屬於自己的一磚一瓦，現在我們的軟體要做延伸及調整都很快，因為每個環節都是自己刻的，隨時可以與時俱進的優化它，在這個講求大數據的時代裡，這一步我們踏的非常穩健。

「Rental123」代租管理系統房東專屬頁面

一個物件在待租期間，共有幾個來電、幾個帶看、帶看日期、顧客反應、簽約時間，透過這個系統能讓房東清楚掌握招租狀況。更重要的是，從這些資訊的收集，我們可以進行大數據分析，了解出租成功率的原因。就長遠來看，我們更能知道哪個地段的房子可以再進場，哪個地段的房子是不能再碰。

房東專屬頁面：來電與帶看報表

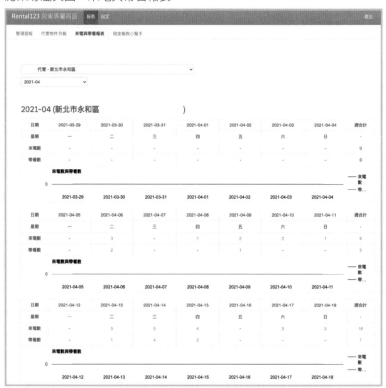

房東專屬頁面：管理面板

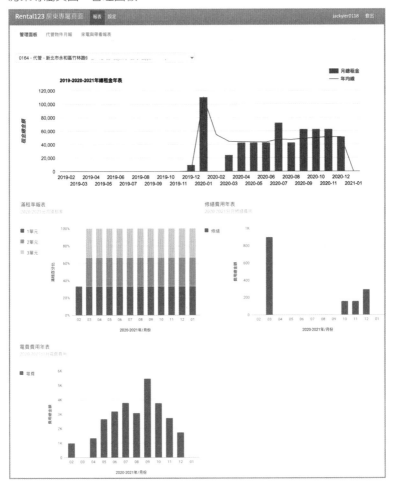

房東專屬頁面：代管物件月報

代租退押金

房號	A	B	B	C	總和
金額	0	0	0	0	0

服務費

(照月計算)

房號	A	B	B	C	總和
出租費	0	0	15000	0	15000
管理費	1818	856	58	1908	4640
沒收定金	0	0	0	0	0
提前退租費	0	12900	0	0	12900
續約費	0	0	0	0	0
滯納金	0	0	0	0	0
總金額	1818	13756	15058	1908	32540

系統結算

收入	+	其他收入	-	固定支出	-	雜項支出	-	代退租金	-	服務費	-	轉帳手續費	=	總計
93310	+	0	-	0	-	795	-	0	-	32540	-	30	=	59945

月報備註

費用總結算

總計		備註中的其他收入		備註中的其他支出		總合計
59945	+	0	-	0	=	59945

　　透過這些報表，房東可以很清楚的看到自己房子的
「財務報表」，除了每個月的房租進帳，包括支出的修
繕費用、招租費、水電費等等也一目了然。透過這些
資料能夠為房東提供更多延伸訊息，如：是否需要調
整租金；水電是否有不正常使用⋯⋯等，最後，每月
扣掉支出後會有多少淨利，都能一清二楚地展示在房
東眼前，並且可以隨時查閱。

傳統代租管模式，一個代理人管理數十間房間，單單收租、追租就忙不過來，更遑論租客服務。而原以為資訊系統的開發，就可解決長期代租管業的許多弊病，卻沒想到，即使進入公司模組化經營，前兩年的實際使用結果依然不如預期。一來管理人員可能採輪班輪流制，資訊傳達落差下，服務CP值沒有提升反而下降；二來為了配合資訊系統，人員配置的增加導致人事成本提高，再加上低薪資的問題仍無法留住員工。服務品質參差不齊，帶給屋主的困擾並不比傳統代租管少。

後來又花了兩年的時間優化，直到資訊系統與人員配合上軌道後，屋主終於可以擁有穩定的代租管品質，執行者也可以不必二十四小時待命，透過電腦資訊系統就可以零時差輪班管理。我不敢說我們的代租管系統已經達到一百分的成績，但至少有八十分以上的評價，而最重要的是，我們的分數只會越來越高，不會因為人事異動而下滑，這就是系統能夠給予我們的保障。

資產開發系統

「Rental123」的商業模式，一度希望從買屋賣屋當中賺取差價獲利，但是在買進賣出的過程中，一來要支付仲介費，二來要負擔稅金。再加上政府持續打炒房的情況下，買賣的限制一定會越來越多，想要在合法合規中持續獲利，就得有個部門進行相關資料收集以及法規的研究，「Rental123」的資產開發部即是在這樣的情況下誕生。

我們不斷研發並建構出一套標準流程，去開發符合投資效益的系統，才能讓公司推向下一個頂峰。「Rental123」的第一個三年我們是瞎子摸象，像是一艘孤船在風雨中飄搖；第二個三年我們逐漸站穩了腳步，是一艘靈活的小遊艇在海面上乘風破浪；如今，第三個三年已開始穩健獲利，我們是一艘持續優化的現代客輪，無論在軟體或是硬體設備上，都能接納更多有志一同的夥伴，一起航向豐盛的未來。

除了上述的三大系統外，RICHARK集團也持續建立相關的系統，其中一個祕密武器，就是房貸系統。

個人在申辦房貸時，銀行會從個人的薪資收入去評估，但公司申辦房貸看得是公司本身的營收，因此以公司經營房地產來說，不只要有選好房子的眼光，公司的財務報表與未來幾年的經營規劃，全部都是銀行得評估的重要條件。但無論是個人或公司買房投資，都需要找到符合最大效益的貸款銀行。

　　早年在我第一次買房的時候，曾經因為知識不足錯估銀行貸款成數，吃了一個大悶虧，所以只要有買房新手來諮詢，即使不是我們的會員，我仍會一再叮嚀他，若沒辦法短期內收集到各銀行的貸款條件，至少也要先找一家銀行對房子進行估價，要知道銀行在你的買房生涯中，其實是扮演著「大股東」的角色；你必須了解銀行是如何看待你的房子，才能透過事先估價，降低買貴的風險。綜合以上，各系統的建立，其實就是從我們早期犯過的錯誤當中，建立出一套套的系統，來降低買屋過程中的所有風險，讓自己及合作夥伴能夠在市場中，以最穩健安全的方式壯大。

項目/銀行				
最高可貸成數	8+1成	85成	8+1成	85成
85成以上的方案內容	1成是信貸	只有本利攤	1成是信貸	首購
房貸最低利率	1.61%	1.45%	首購1.5%	1.33%
如何降低利率？	首購自住	首購自住	信用良好	收支比70%以下
貸款最長年限	30年	40年	30年	30年
寬限期最長可幾年	3年	X	1年	2年
理財型房貸/回復型房貸	理財型房貸	理財型房貸	理財型房貸	理財型房貸
理財型房貸/回復型房貸的利率	2.72%	2.25%	1.7%	1.9%
綁約幾年	3年	3年	3年	2年
二順位房貸方案	V	X	X	V
其他優劣勢	1、仲介介紹不用內勤。 2、自營商、金流進銀行收入可皆證明。 3、可貸成數高、利率相較偏高。	1、理財型申辦可到74歲(自動續約)最高6-65成(貸款比)。 2、40年本利攤(首購族)。	1、小套估價高、台北市小套可到8成。 2、租金可認計，只要粗約即可(免公證、租金不用人戶)、必須所有權人。	1、可貸85成。 2、估價略高於一般銀行。 3、理財型(75成)最長7年。

2021年最新機密!!! Q2房貸銀行珍藏表

RICHARK 財富方舟

貸款人狀態：首購、名下無任何負債、薪資條件足夠貸款，(以下資料僅供參考·貸款條件依實際申辦為主)

這張表格是我們收集了每一間銀行的房屋貸款條件整理而成，由此可以看出，每家銀行在各項條件中的強弱項，一張表格一目了然，看到各家的利率、貸款成數、能否承做二順位房貸等等條件，而所謂的「貸款策略」，就是找出最適合自己需求的銀行，並依照自身的狀態進行申辦的排程。

房貸珍藏表
https://book.richark.com.tw/homeloan/

NOTE

方舟教練筆記

- 只要核心系統是自己的，無論未來局勢如何變化它都可以迅速調整。
- 所謂的「貸款策略」，就是找出最適合自己需求的銀行。

10

購屋教練

「初學者邁向高手之道，
首先應該了解自己的不足之處。」 灌籃高手

學習，或許是彌補不足唯一的道路，但是當你只是想解決當下問題，沒有時間慢慢磨練自己成為高手，那麼一位可以給予專業指點、能夠督促你的教練，會是沒有時間研究學習的時候，最有效率的解決方式。

老師 V.S. 教練

　　業界中的房產投資課程幾乎是以萬元起跳，在我們的調查中，多數上過課的學員表示，課程收費高是大家一開始就知道的事情，也是覺得自己可以負擔才去上課；但讓他們感到落差的是，上完課之後依舊不知道該如何走下一步。課堂上的專家和老師，或許可以提供各種房產知識和買房技巧，但最重要的是，學員上完課之後究竟有沒有行動，出手之後若遇到問題有沒有教練可問。實際統計下來，大家花錢上完課多數仍會有以下幾個問題：

- 房市投資太多眉角，沒辦法在短期內搞懂，根本無法好好規劃。
- 好房子太難找，光用下班時間看房，效率太低。

- 與銀行、賣家的交涉過程中，很多專業問題與突發狀況都是課堂沒教的。
- 成功買房，後續的交屋、裝修流程仍然有許多複雜細節，卻缺乏專業可信的人給建議。

過去，我們以為投資房地產最大的阻礙點是資金問題，但經過調查後發現，只要是投資報酬率夠高的項目，大家就會想辦法存錢、貸款，或與親友談合作，所以當錢不再是問題，有沒有品質好的案子就是最大的重點。因此我們總結，房產投資其實只有兩大障礙：第一，找不到適合自己的案子；第二，時間太少！

當包租公的原理很簡單，找一間合適的房子，裝潢好，找到願意租的人，租出去就好了。但在出租之前有太多的功課要做，首先你得找房子，可能一天要看個十多間房子，才能選中符合理想的物件，有時候汗流浹背幾個月都未必會有收穫；然後你得研究買價、貸款、裝修等細節，下了班已經疲憊不堪，還要坐在電腦前畫格局圖、計算投報率，實在很折磨人。

如果你上的是一堂優質的房產課，你一定會知道，身為包租公以上說的這些事情，都是一定要做的功課，老師將方法丟給你後下課了，剩下的只能留給學生自己摸索與鍛鍊。聽著許多諮詢者的困擾，我發現，或許他們需要的不只是一位傳道授業解惑的老師，而是一位可以手把手帶著他們實際上場操作的教練。

　　運動員的教練，除了教學員運動技能，平時也要陪著他們鍛鍊技巧、增加體能實力，正式比賽時更要陪同前往，時刻在旁提點關鍵。想想看，如果每個人買房子的時候，都有一位這樣的人在身邊，是否就能減少自己的害怕、擔憂，而更能有自信的追求目標。

專業相伴，道路險而不阻

　　買房子，實際上是一件非常重視資料收集的工程，我前面已說過，當知識與資訊量不足，很容易在交易時吃虧。

而當你尋尋覓覓終於找到合意的房子之後，接下來要進行的步驟，才是決定是否獲利的關鍵。首先，你得懂得看房子的問題，有無漏水、需要重新翻修部位的估價，這決定了你能否砍價，要砍多少。我相信市面上的課程或書本都有很多資訊，告訴你如何看懂房屋裝修細節，但再多的文字都比不上親身經歷。一堵牆用的是紅磚、白磚、輕隔間，你一定要親臨現場敲敲看才懂得分辨；一間房子有無漏水、潮溼、施工建材優劣，可以從一進門所聞到的味道分辨一二；牆壁上的壁癌，也能從乾、溼狀態來判斷嚴重程度，做為日後裝修的成本評估。

　　其次是議價。買房進入議價的過程，又是另一套學問。詳細評估房屋基本狀況、向鄰居打探周遭環境、請銀行估價等都是很重要的步驟，這關係著此房屋的價值與貸款指標。最後，在有仲介參與的狀況下，每家仲介的要求底線又不一樣；有些直營仲介品牌一定要抽4%的賣方仲介費才願意結案，小品牌可能拿2%就能成交，而這些又與仲介生態息息相關。我常說，買房議價並非是一味的砍價，應該是一場與賣方、仲介達成共識的過程，而在這整個過程中，必須

掌握足夠的訊息，才有議價的籌碼。

　　這一整套系統要說起來，可以拆成幾個小時、幾周甚至幾個月的時間慢慢教你，但沒有經過實作，很難真的上手。因此想，既然我們擁有大量經驗，並且掌握著房市投資大數據，何不就直接用我們的經驗值，手把手的帶著大家買房。我們一整套的房地產課程體系，每個環節都能讓學員親身參與，根據個別程度的需求，隨時有不同的案子給大家觀摩。這一套為期三個月的包租公家教班，特別適合有意當包租公但時間不夠者、手上有資金卻不知道如何投資運用，及想透過房產收租過退休生活的人。

　　透過過去十年間建構的包租公生態圈，我們已經可以一條龍式的從房地產基礎、買房知識、貸款技巧，到實際帶著學員看房觀摩，再加上我們的大數據資料齊全，能依照每個人的資金與設定的目標，提供學員合適的案件，縮短投資前期的評估時間。當案件成立後，後續的貸款申辦、房屋裝潢與招租管理，也能持續給予協助，完完整整的滿足新手包租公的需求。一路以來，我們從個人買房、代執行、代操作，透過企

業化與模組化的商業模式，一點一滴建構了現在的規模。從零到有，我們如何帶領學員實踐夢想，以下分享我們曾經協助過的成功案例。

〈 購屋教練 實戰案例 〉

中年轉職創業，給自己和家人一個安全的堡壘。

案例基本資料：

40歲／資訊業

正職月收入超過15萬

　　H先生是一位高收入上班族，一家四口靠他一個人的薪水尚且能過著小康的生活。但也因為這樣，雖然H先生有著創業的夢想，卻遲遲不敢放棄現有薪水往前衝。某天他告訴我：「Cosmo，我覺得現在就是天時地利具備，我想我真的要離職創業了！」其實包含我在內的很多創業者，都不喜歡鼓勵別人創業，並非是我不期待別人成功，而是深知創業一路要面對的艱辛與難處，無法言喻，有時回想過去，都不知道自己是如何撐過來的。看見H先生創業的決心，我明白那

種迫切追逐夢想的心情，無人可以阻擋！如果他是一人飽全家飽的狀態，當然可以義無反顧地往前衝，但已經是有家庭的男人，做任何決定，還是需要把家人放在第一位考量吧！

我是創業的過來人，作為多年的老友，雖然樂見其成，但也不希望他衝動冒險，讓自己後路顛簸。我建議他讓我為他做一次財務健診，至少可以幫他找出最佳途徑，降低創業風險。在我分析過後，發現他的收入和信用狀況，相當有條件可以透過買房收租為自己創造被動式收入。由於他目前手上的資金並無法進行任何創業投資，幾經評估，他決定找南部家人商量，將家中房子增貸後，在大台北買房出租。這個計畫一開始當然遭到家人強烈反對，甚至懷疑他被詐騙，勸他不要輕易聽信於朋友。但對於一個有心創業的人來說，拿出耐心和行動力讓家人明白自己的決心是必須的，他三次搭高鐵南下與父母討論，最終獲得家人的許可。

從購屋到正式出租，過程歷經一年以上，其實一年不算長，但對於同時承受家人期待與創業壓力的他

而言，也夠煎熬了。協助他建置被動收入系統的這段時間，施工過程的討論中我們有過意見不同，但他最終依然選擇相信我的專業。整整一年半的時間，我協助他從挑選物件、貸款、申請室內裝修審查，到裝潢後順利出租，兩間房子每個月都有超過六萬的租金收入，成果令他十分滿意。有了這筆穩定的租金收入，他終於可以無後顧之憂的去圓自己的創業夢。2020年在他的事業剛起步時，公司一度因COVID-19營收重創，幸好H先生憑藉著自身的毅力與創意，迅速調整腳步帶領公司闖過難關。某個夜裡他打電話給我，語重心長聊了前陣子的低潮，末了他告訴我：「我很想好好請你吃頓飯感謝你，在創業谷底裡，一家四口全靠租金撐住，幸虧你當初全力協助我先做買房收租的投資，真的很謝謝你！」

浴室對比

室內裝修對比

⊕Cosmo分析

我一直強調，買房收租教練帶給學員的，就如同運動場上的教練與運動員，我們提供專業建議和陪伴，最終上場打仗的仍是學員本身。H先生能夠成功的完成買房收租給家人這一份保障，完全是自助天助人助的成果，雖然我們提供他完善的財務建議，協助找到最佳的解決方式，然而，最終還是要靠他自己克服難關、執行計畫。首先，他必須用行動和毅力取得家人諒解與同意，購屋後的施工期間，我相信他內心對未知的一切絕對飽受煎熬。面對H先生對我致謝的同時，我也要感謝他如此信任專業及全力的配合，我們才能一起創造出這個成功的案例。

案例二

拒當高薪風險族，為家人未雨綢繆

案例基本資料：

40歲／業務

正職月收入約20萬以上

　　三寶爸，同樣是一位高收入的業務主管，為了讓三個孩子就讀好學區，選擇在台北市高房價區租房子住，隨著孩子年齡增長，家用支出也隨之增加，存錢幾乎是不可能了，每每想到自己的高收入與高支出的狀況，總覺得生活過得十分不踏實。三寶爸來找我的時候，說他最擔心的就是，哪天自己突然失業了，整個家庭該怎麼辦？他十分迫切的想要為自己的財務狀況找出解決之道，希望透過我們的規劃買一套房子收租，作為穩定收入的來源。

三寶爸雖然和 H 先生一樣，都是屬於高收入族群，但他業務性質的工作，與家庭支出極高的狀況下，手上並沒有多餘的現金可負擔買房頭期款，並且家中並無房產可供增貸利用。經過一番縝密的財務健診，初步認為三寶爸的高收入和信用條件，可以使用高成數的房貸及二順位房貸來降低頭期款，然後再透過個人信用貸款籌備買房頭期款及裝潢款；那麼接下來的關鍵點就是如何精算出後續的還款計畫，讓一切掌握在他能夠負擔的範圍中。透過專業的教練與數家銀行幾番討論後，將他的貸款規劃善用極致，約莫在一年左右完成篩選物件、買房、貸款、裝潢與出租等項目，此後，他每月有超過六萬元的租金收入，這筆穩定的收入來源或許遠遠小於他的薪資收入，但對他而言，正是他需要給家人的另一份穩定保障。

Before

After

施工前後對比

⊕ Cosmo分析

　　投資工具百百種，所謂的被動收入，事實上需要你
對自己的財務狀況進行縝密的規劃；換言之，想在一
個地方獲得輕鬆的收穫，你得先在其他地方有過相當
努力的付出。三寶爸因為多年的工作累積，擁有比一
般人更高的收入和信貸條件，使得他有能力透過個人
信貸的方式，操作購屋的頭期款，但若換作是一般上
班族，這絕對是行不通的。在投資市場上，每個人的
收入狀況與各方面條件不同，不會有固定公式，別人
的解藥未必適合你，而你的優勢或許在別人身上是沒
有的，這就是為什麼我們要花大量的時間，為客戶和
學員進行財務健診，每一次規劃都必須以個人財務狀
況為基礎，切莫把別人的成功經驗套用在自己身上。

案例三

金融風暴後，尋求更穩健的財務規劃

案例基本資料：

35歲／理財專員

正職月收入8萬以上

做為銀行資深理財專員，小冠對自己的財務結構與理財規劃相當有信心，但在2009年全球金融危機後，他看到許多客戶包括自己，因來不及退場造成龐大損失，他開始對銀行提出的商品結構感到疑慮，而更深的一個層面，其實是客戶購買金融商品前，並沒有協助事前財務規劃的診斷，就貿然請客戶把資金投入是一件很危險的事，因此，萌生離職成為獨立財務顧問的想法。然而，上有年邁的阿嬤，以及需要人照顧的母親，小冠不敢放棄這份穩定的薪水。

為求解決之道，居住在台南的他，不辭路遠北上

參加我們的訓練課程,當他決定要投入買屋出租市場後,盤點自己的資產與信用狀況,發現自己的自備款不太夠,也不想以信貸的方式在日後增加壓力;加上若手上的現金完全支付買房後,沒有足夠的家庭預備金,有可能會讓家裡陷入不必要的風險中。討論數次後,我幫他制定了一個三年計畫。

初期,自己持大股,並開放入小股,找幾位志同道合的夥伴合資買房。過程中,我的角色就是陪伴的教練,除了協助他找房、買房之外,另一個重點就是教與人合資購屋的種種細節,如何找人、如何制定合約、如何分潤、房屋維修狀況如何處理,以及如何分配工作,意見相左時怎麼辦等,指導解決大大小小可能發生的問題。我請他給自己三年的時間,即使房子出租之後,仍持續在原單位工作,等錢存夠了再慢慢買回股份。三年來他一步步按照計畫進行,並已存夠買回股份的錢,接下來準備買回股份,獨自擁有這間房子。2020 年,在確保自己有信心搞定每個月有六萬元以上的房租收入時,就正式離職,成為一名獨立的理財顧問,一步步走向他的自主人生。

⊕ Cosmo分析

合資買房是許多小資族入門房地產很好的方式，僅需約20～50萬就可以提早跨入房地產門檻，當然，因為是「合」資，人多嘴雜，因此在這個情況下，白紙黑字的合約絕對是第一要件。

由於我本身曾與人合資買房，這幾年亦輔導過相當多的合資購屋案例，都會提醒，在制定合約時，除基本權利義務的歸屬之外，合資購屋中該注意的大小細節，都應依照團隊的合作目標，將這些未來可能發生的狀況，一併列入合約當中，包括：

1. 當房市變好時是否考慮出售？多少獲利是可出售的目標？
2. 裝潢過程中若遇到現金不夠的狀況，是否增資？是依股權平均增資，還是有意者增資？
3. 招租管理者是誰？遇上與鄰居或房客有糾紛時，由誰出面？
4. 利潤如何分配？平時管事較多的人是否有額外收入？

類似小冠這樣擁有穩定收入，但卻無法在短時間內拿出頭期款的投資者不少，也都能夠透過財務評估與合資提案尋求各種入門投資管道，唯一要叮嚀再三的就是，最初詳細的合約制定，務必不能輕率。

施工前後對比

案例四

中小企業老闆，給自己一個穩妥的退休規劃

案例基本資料：

60歲／中小企業老闆

年收百萬以上

李先生是一位在商場上打拚超過三十年的成功經營者，無論在事業規模與社會歷練都超越我太多，關於各種商業模式和投資理財，他所接觸過的項目絕對不亞於我，最初是因為女兒有著投資房產的想法，才透過朋友介紹認識。第一次碰面的時候，我們約在一家咖啡廳，我很清楚記得李先生在初次見面時，從頭到腳的打量我，我猜想他當時可能在想：「你一個年輕人，有什麼本事教我賺錢？」

在第一次的諮詢過程中，我準備了相當充分的資料，將近三個小時的時間，我功力全發地細數大台北

房市狀況，與我正在做的事情，這才讓他漸漸改觀，並在談話最後，給我一個大大的讚許：「吳先生，你們年輕人的頭腦果然很好，行動力強，又能將這麼多的細節整合好，看起來是個不錯的投資方案。」第二次見面，我帶他們看了三寶爸正在招租的房子。他仔仔細細地看了一輪之後，很驚訝地跟我說：「你們這樣裝潢真的很不錯！我一直以為投資客為了獲利，在裝潢上都是隨隨便便的，沒想到你們會弄得這麼講究，在意那麼多法規及細節。」我告訴他，就我們而言，每棟房子都是我們很慎重的投資，該做給房客的一定要給房客，這些也是我們經商的基本原則。李先生很認同我的說法，很快地就開始與我們合作。大約經過一年多的時間，我們為他們父女倆各自建置了一間房子收租，雙方也成了好朋友。

施工前後對比

⊕ Cosmo分析

李老闆一開始並不認為，改造中古屋能夠讓人每個月收到六萬元以上租金，愛女心切的他完全是衝著女兒的面子，才親自過來見我一面。在大家過往的經驗中，一般像這樣的中古屋大約就是兩萬多的租金，但這只是因為他們沒有分割出租的概念，一但透過分割出租後，出租獲利就是倍數提升。

在此也提供室內裝修合格證範本給各位參考。以今日法規來說，如果要進行房屋分割出租，至少要取得此證書，才是合法的分割出租。

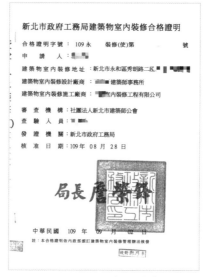

新北市政府工務局建築物室內裝修合格證明

合格證明字號：109 永　　裝修(使)第　　　　號
申　請　人：▓▓▓
建築物室內裝修地址：新北市永和區秀朗路二段 ▓▓▓▓
建築物室內裝修設計廠商：▓▓建築部事務所
建築物室內裝修施工廠商：▓▓室內裝修工程有限公司
審　查　機　構：社團法人新北市建築部公會
查　驗　人　員：▓▓▓
發　證　機　關：新北市政府工務局
核　准　日　期：109年 08 月 28 日

中華民國　109 年　09 月 02 日

註：本合格證明依內政部頒訂建築物室內裝修管理辦法辦發

室內裝修審查合格證

NOTE

方舟教練筆記

- 買房議價並非是一味的砍價,應該是一場與賣方、仲介達成共識的過程。
- 在投資市場上,每個人的收入狀況與各方面條件不同,不會有固定公式。

更多精彩案例
https://book.richark.com.tw/case/

🐷 房產投資小教室

投報10% 到翻10倍的包租投資術

對大多數的投資人而言,持續穩定的獲利是最好的狀態。一般的金融商品,持續穩定獲利的投資報酬率約落在1%～6%,而能夠有6%以上的投報率,我認為都是經過相當研究後累積而來的。長期以來,我們鑽研房地產投資獲利模式,嘗試研究已掌握的公式,想找出一套持續穩健獲利的方法。終於,我們研究出了投報率,從10%到可能翻10倍的包租投資術。

● 穩健做到10% 獲利

包租公獲利公式:

$$\frac{總租金　房貸總利息}{買屋總成本－貸款金額}$$

由此公式很清楚的看到,最理想的狀態是高租金、低房貸利息,搭配低買屋成本、高貸款金額。假設我們購入1050萬的房子沒有貸款,現階段以新北市

永和區舊公寓平均房價35萬／坪，設定我們買了一間30坪房子，簡單裝修50萬後，整層以月租2.3萬出租。

一年投報率為：

$$\frac{2.3萬 \times 12個月}{(1050萬 + 50萬)} = 2.51\%$$

以1050萬的本金來說，2.51%獲利是很低的，就算你買一張台積電股票，殖利率也會有3～5%。會用這種方式投資，一般是等待賣房子的價差，期待賣房後出現20%以上的獲利；然而，等待期可能出現的天災人禍或政令相關的變動因素，都是無法計算的風險成本。以下，我們來看如何降低風險，提高投報率。

第一招　分割出租

　　一樣拿出現金1050萬買房，加上裝潢成本265萬（含申請室內裝修審查的費用）將房屋隔5套出租，月租金有機會可以提高到6.5萬。你的獲利方式就變成：

$$\frac{6.5\text{萬} \times 12\text{個月}}{(1050\text{萬} + 265\text{萬})} = 5.93\%$$

　　增加了**3.42%**投報率。當然，分割出租與整層出租的管理概念完全不同，門檻也較高，如何運作就看個人對投資的期待值。

第二招　銀行房貸

　　現今房地產體系唯有搞定房貸才能等待爆發性成長，讓自己的投資效率達到最高，在等待爆發的

前期，銀行就是你最穩定的獲利支撐者。一樣舉例1050萬的房子，假設我們爭取到八成貸款，以目前房貸利率1.5%來計算，獲利模式就會變成：

$$\frac{[(6.5\text{萬}\times12\text{個月})-(840\text{萬}\times1.5\%)]}{[(1050\text{萬}-840\text{萬貸款})+265\text{萬}]}=13.77\%$$

搞定貸款之後，年投報率從原本的5.93%一次上升到13.77%，這就是為什麼我們一定要弄懂房貸的原因，懂得與銀行溝通的人，可以將銀行變成你的投資大股東。

• 等待爆發性的十倍成長

投資房地產的好處是，只要找到好地段房價一定會持續上漲，當房子在三、五年後上漲，我們也能持續透過房貸增加獲利。舉例在房價增加後，我們的貸款假設可以增加150萬，獲利模式重新調整：

$$\frac{[(6.5萬\times12個月)-(990萬\times1.5\%)]}{[(1050萬-990萬貸款)+265萬]}=19.43\%$$

　　從最初的 13.77%，在 3～5 年後變成 19.43%，十年之後有機會將投入的本金都貸款出來，成本歸零而租金扣完房貸利息，仍可擁有正現金流。以上說的方式，就是我在買了第一間房子之後的幾年來，持續累積的心得，當初以 850 萬買下的房子，目前可貸款的金額已超過 850 萬，原本投入的 280 萬本金，已貸款出來，並將資金轉投資運用。

　　除此之外，能透過新、舊房子貸款，搭配一順和二順位房貸的配置，進行不同的投報公式。提供這些技巧的目的是想讓大家知道，在房貸低利率的現今社會中，房地產市場不再像過去一般進場門檻極高，但如果你有興趣嘗試，我鼓勵你找一位對市場熟悉的教練陪伴指導，經過實際評估自身的條件和需求之後，才能找到最適合自己的投資模式。

chapter 03

乘風,給想要成為包租公的你

> 在眾多的投資選項當中,買房收租雖然門檻較高,卻也是收益較高同時相對穩健的選項。但想成為一個成功的包租公,重點從來不是「需要多少金錢」?而是你「具備多少能力」。
>
> 這些能力值又有高低之分,包含你:
> 查得到網路許多法條,卻不見得看得懂法律知識;
> 遇得到仲介帶看房屋,卻不見得買得到合適標的;
> 問得到銀行房貸方案,卻不見得兜得好房貸策略;
> 尋得到工頭發包裝潢,卻不見得看得懂發包內容;
> 找得到公司代租管,卻不見得收得到穩健租金。

因此，比起單打獨鬥，讓專業團隊跟你一起作戰，也是個不錯的選擇。以下這個章節其實是許多想要成為包租公的人最需要的密技，它包含了我近十五年的包租公精華，在此不藏私的公開給大家，期待有心與我們同路的人都能乘風破浪而行。

"

11

新手買房「三要、三不要」，
馬上領先80%的人！

擁有自己的一間房子，是許多人心中的夢
想。不管你是要成為包租公還是自住，在
毫無觀念下貿然進場，會有很高的機率買
到不適合自己的房子，甚至慘賠出場，為
了降低這些風險，在買房前，勢必要好好
做足功課才行。但要怎麼做功課呢？新手
買房，其實只要搞懂這三要、三不要，就
能領先80%的人。

第一要　忍住衝動

　　新手在經驗不足的情況下，常常都會有個很大的盲點，就是在遇到某個感覺還不錯的物件時，會覺得這一間這麼好，若不趕快買，以後就再也買不到了怎麼辦？想要再多多思考，又怕因自己的猶豫錯失大好機會，於是在房仲的「遊說」之下，大腦便失去了「理性判斷」的能力，而下了錯誤的決定。

　　我還看過，某位新手投資人想買房，雖然已看了好幾個月的房子，卻因為自己經驗值不足，遲遲遇不到大家口中所說的Apple物件，所以當面對一個突然冒出看似不錯的案子，為了想要快快獲利的情況下，就衝動進場了。而這就是因為久久得不到，看到就會很想要的心理狀態，再加上急於達到目標的想法，導致一時衝動下了錯誤的決定。

　　衝動買房的人不只限於投資客，有一些想買房自住的人，也常常因為迫切想要一個自己的窩，特別是準備要結婚的新人，想與另一半打造一個「愛的小窩」

的憧憬，在仲介一次次的PUSH之下，忘記了要住的房子，除了考量美觀舒適，還有裝潢品質、空間使用習慣、生活機能、房貸等後續問題，沒再多想就下了決定。

所以我們再三建議大家，要忍住衝動。買賣房子是一個很邏輯、很理性的過程，千萬不要失去理性，只為了某些內在的情緒因素而去買一間房子。

我的建議是：

◇ 投資者：實際回歸到數字、邏輯、報表，還有成本效益，才決定這間房子適不適合你。

◇ 自住者：把你期望的條件一一列出，再一個一個去確認，當找到符合理想狀態的房子時，再把它買下來。

第二要　三顧茅廬

記得，買房最少要「三」顧！你至少要在以下三種情況下去看房。

第一顧：大白天，看清楚房子內、外部每個細節，感受一下採光與通風。

第二顧：天黑之後，觀察房子周遭環境，街道安全性，及鄰居的狀態。

第三顧：下雨天時，查看一下是否有受影響，尤其是壁癌或漏水。如果能夠遇到颱風，也很建議去看一下，當然，要注意安全囉！

一間房子它在白天的狀況跟晚上是不太一樣的。比如說晨間市場或傍晚市場，早上跟晚上去看，是完全不一樣的狀態；你在白天能夠看到的細節是比較清楚的，晚上去時可能會遇到比較多的鄰居，就可以多多觀察房子周遭環境的情況。所以分別於早上跟晚上去看房子，就能根據不同的狀況收集到更完整的資訊。

那為什麼要挑雨天去看房呢？是因為要了解這間房子在遇到下雨的時候，會出現什麼樣的狀況，譬如像是壁癌、漏水等。如果你能夠在那樣的狀況下去多看幾次，就能夠避掉一些不必要的風險，且確保這些狀況發生的時候，能有應對的處理方式。

　　如果你還想更進階一些，或許可以春夏秋冬都去那一區看看房子。房子在春夏秋冬不同的狀況下，感覺是完全不一樣的，這是作為一個新手買房自住來講非常重要的事。因為一般人買自住房，是要住上幾十年的，所以多花一點時間、心思去多做一些市場調查是必要的。

　　但對於投資客來講，就比較有以下的盲點，你會需要在時間更緊迫的情況下評估一間房子，沒辦法慢慢的做市場調查，而相對地就要承受更多的風險。除非已經是看房老手，否則我還是鼓勵新手們，在買房之前一定要「三顧茅廬」。

第三要　多問仲介、銀行專員、買房教練

新手買房，不管是想要用來投資、收租還是自住，建議新手們在剛開始起步時要多問，畢竟在經驗不足的狀態下，許多觀念還沒建立完整，若貿然進場可能會有錯誤的判斷。在這邊建議買房新手們可以多問問房屋仲介、銀行專員及買房教練，因為這三種角色，分別都能給你相當有用的訊息。

◇ 仲介

他們是你在買房子時，第一時間能夠接觸到最多訊息的人，所以如果你對某家仲介的服務或是資訊量不太滿意，可以多找幾家仲介來問問看，去挖掘一些仲介比較能夠收集到的資訊。

對於大型品牌或是直營店的仲介來講，他們在產調是非常完整的，所以你可以從他們手上獲取幾乎七到八成以上的資訊來源。這些大型仲介的資料庫通常也都備檔了過往留下來的資料，可以提供給你參考，包含這個房子有沒有瑕疵、房子附近的狀態、周遭設施狀況，或是有沒有發生過什麼樣的事件等，這些記錄

對一般新手來講都是不易取得卻非常重要的，而你都可以在房仲這端一次了解。很多人為了省仲介費，而忽略仲介能夠幫我們帶來的效益，我認為是很得不償失的。

◇ 銀行專員

也許有人會問，買房子為什麼要問銀行專員？當然要問啊，畢竟在這個年代，大家買房都會找銀行辦貸款，而銀行則是一個可以給你重要資訊的角色，因為他要放款，把這麼大的一筆錢借給你，就得有一套自己的獨到見解，做為評估放款的依據；也可能銀行的資料庫裡會記載他們對這間房子的估價，所以透過銀行專員，去獲取銀行方面的資訊，也是一個蠻大的優勢。

◇ 買房教練

買房教練，泛指社會上在房地產已有豐富經驗的人。有些是指與房地產業界有相關的在職人員，像是代書、建築師、室內設計師、統包工頭、代租管公司員工等，或是本身以投資房地產為本業的人，他們都是你的教練。基本上他們手上都握有一些房地產資訊或是有相關的經驗能提供給你。

教練，相對是能夠比較中立的提供資訊給你的角色。因為對仲介來講，他可能會為了賣房子給你，在資訊的揭露上不會那麼的完整，但是對於一個沒有直接利害關係的教練，或是付費顧問這樣的角色，則會非常願意提供更直接、更優質、更進階的資訊。

如果你是即將買房的新手，以上的三要，千萬要執行，不要偷懶喔。接下來，我們說的三不要，是新手在購屋買房時，最常誤觸的地雷。

第一不要　**新手買房，不要亂簽約**

對於新手來說，買房子的時候，合約非常重要，因為合約是確定了你跟賣方之間已經討論好要怎樣去處理這一間房子，合約上的每個文字都是具有法律效力的，所以建議新手在簽約之前，先去詢問一些有經驗的人，或是你認識的代書、房仲業務。

通常比較有經驗的人，會提醒你一些注意事項，

這時候就要多留意了。打個比方好了，我們買了一間房子，可能有一些狀況是我們不能夠承擔的，例如，貸款貸不到八成的話，那我就不買這間房子，或是我預計要拿到樓下同意書，但是不確定現在能不能拿得到，如果你有這些考量，其實就需要在買賣合約書裡面去加但書，這樣就能夠避免掉很多的風險。

又或是這間房子有很多的狀況，像是壁癌、漏水、違建，這些在合約中都會有一張房屋現況調查表可以做記載，你必須要仔細核對並按照這間房子的狀況去做確認之後，再確定你是不是要簽署這份合約。

所以新手買房簽約千萬不要亂簽，在簽約之前最好能詢問有經驗的人，這樣就能避免掉一些不必要的麻煩及風險。

第二不要　新手買房，不要碰違建

在買房的過程中都有可能遇到違建的情況，當你

在面對違建的時候，先問問自己是否有能力可以處理這些問題。如果違建被舉報了，自己有沒有能力去處理？這些是在買房過程中，很可能會遇到的問題。

假設這間房子，在上一手就已經做了陽臺外推，或是其他的違規增建，如果哪天運氣不好遇到鄰居舉報的話，就要恢復原狀，在這樣的情況下你會得不償失，不僅影響生活品質，也會影響到你的荷包。

所以，我們通常會建議新手在買房的時候盡量避開違建，能不碰就不要碰。那如果不小心買到了，該怎麼辦？建議你可以先去尋求一些專業人士，看有沒有解套的方法，至少你可以在開始做裝潢之前，先避掉一些風險，避免多餘的花費；或是在裝潢的時候預留一些可以恢復的可能性。先去了解這些相對應的損失及法律，這樣對你會比較有保障。

第三不要　新手買房，不要貪便宜

　　對於一個買房新手來講，在買房子的時候，其實要更留意的是房子的品質跟狀態適不適合自己。比如說它的距離、交通、上班通勤是否方便，還有居住品質，再來就是這間房子的建材和目前的裝潢程度等。

　　建議新手買房時，要從多方面去做考量，而不是一味的尋找便宜的房子，有時候便宜意味著裡面可能有一定的風險存在。像是違建、凶宅、海砂屋等，所以說，能夠買到便宜、然後屋況又很好的房子，機率是很低的。

　　所以我們通常會建議新手，買房的時候要特別留意，不要被便宜的價格給迷惑了，不然它可能連帶附贈給你的是漏水和一些糾紛，如鄰居不和、產權有問題等，很多都是我們無法理解也無法處理的狀況。總之，在合理價格的情況下，多注意房子的品質才是首要的要點。

12

簽約之前該做些什麼 ？

進入「簽約」階段，是房地產買賣中非常
重要的一環，與交易安全息息相關，不管
你是透過仲介還是直接跟屋主買賣，簽約
前都要瞪大眼睛，看清楚契約裡的所有內
容，才不會出問題。目前不動產買賣，實
務上有二種契約，其中「公契」是作為產
權移轉之用，「私契」則是買賣雙方的權
利義務。在簽約之前，有八個一定要注意
的關鍵。

1. 代書與履約保證不能少

買賣房子動輒百萬、千萬，因此，有兩個費用千萬不能省——「代書」和「買賣價金履約保證」。許多人認為透過仲介買賣就一定安全，其實，仲介也是透過代書和履保來確保交易安全喔！所以建議在簽約時找誠信、有口碑的代書辦理，並承做買賣價金履約保證。

2. 產權搞清楚

以下幫大家整理出五個要點：

(1) 確認土地及建物謄本，雖然付斡旋金或定金前已看過土地、建物謄本，但是在簽約時，仍須再調閱當天的土地及建物謄本，以防中途產權或借貸設定有所異動，並仔細確認坪數是否符合（目前謄本計算面積，以平方公尺為單位，1平方公尺＝0.3025坪），有沒有包含車位等。

(2) 是否有限制登記，如：假扣押、假處分等尚未塗銷。

(3) 注意賣方銀行抵押設定金額，若買賣金額小於借款金額，需確定賣方有能力還款。

(4) 土地使用分區，是住宅區還是工業區等。

(5) 確認是否有租約。

3. 契約內容要謹慎檢查

契約書內容，必須以數字記載（如坪數、金額、持分等），數字最好改用國字大寫，以避免變造及爭議。

契約內容，除了標明買賣標的、價款、付款時間、產權移轉、稅費負擔、點交和擔保事宜，還應附上「房屋現況調查表」，包含輻射屋檢測、海砂屋檢測、漏水聲明、非事故屋（無凶殺或自殺致死之情事）聲明，保障買方不會買到瑕疵屋。

4. 要知道跟你簽約的是誰

首先要確定，跟你簽約的是不是本人。契約當事人原則上是由本人親自簽約，否則需出具賣方授權書。

簽約時，代書會先核對雙方身分證，確認簽約當事人後，始由雙方簽名、蓋章。如非本人出面，應出具授權書，並詳細載明出售不動產座落地址及授權代收價金等事項，並有屋主本人的印鑑證明，才是有效授權。

5. 付款方式應公平

目前買賣付款方式大致上分為四個階段，簽約、用印、完稅、交屋。各階段之付款成數，可依雙方要求而有不同，通常約定為10%、10%、80%。依目前交易習慣，代書會請買方開立一張與尾款同額之商業本票置於代書處，而於尾款支付時，始將本票無息退還買方。不過，如果賣方銀行尚有貸款未清，則可將其金額作為支付尾款金額之參考。

在此再次強烈建議，買賣雙方應使用買賣價金履約保證服務，因所有款項在過戶、交屋前都會存進專屬履保信託專戶，待履保公司和代書確認「不動產買賣契約書」上的交易條件與約定全部滿足後，才進行價金和產權移轉，如未滿足則退回價金，並取消執行產權移轉，避免賣方捲款潛逃。

6. 各項稅費及其他費用負擔必須記載清楚

通常買方須負擔契稅、代書費、登記規費、保險費（火險及地震險）、貸款手續費；而地價稅、房屋稅、水、電、瓦斯、管理費則一般以交屋日為分算日。

7. 交屋時期及方式應明確

交屋日期與方式，應清楚記載於合約中。通常交屋會在仲介店裡或代書事務所內完成，為了方便相關的文書處理，所以在交屋前，會另約時間驗屋，確保屋內依合約載明的狀況呈現。例如家具、家電、私人物品及垃圾等要清空，各項設施功能要完善等。

交屋當天，應確保賣方所有設定抵押已全部塗消，房屋及土地所有權狀已更新成買方名字，最後賣方需交付鑰匙。買賣雙方如果另有協議，應明確以書面約定，以避免爭議。

8. 最後再詳細檢查一遍

簽約書訂定後，買賣雙方只要簽名或蓋章，即具法律效力，目前實務上，皆會要求當事人親自簽名且蓋章。簽約書要注意，塗改處要雙方蓋章，立約日期要填寫、騎縫章雙方都要記得蓋。簽約書如為兩張以上，逐一檢查，以避免爭議。

詳細掌握這八個要點，接下來只要挑選誠信、有口碑的代書，承做買賣價金履約保證，就可以安心的等待過戶、交屋了。簽約是相當重要的一環手續，步步小心謹慎，絕對沒錯。

13

25歲晉升包租公婆──
「合資買房」怎麼做？

一般人想要投資房地產，通常都要先準備個數百萬的頭期款才能開始。通常中南部的價格會再低一點，或許只要一、兩百萬，就能開始投資房地產了。如果是北部一千萬左右的房子，一開始含裝潢就需要準備三、四百萬，這些資金對許多人來說是很高的門檻，這也是許多人遲遲無法進入房地產世界投資的關鍵。那麼，如果沒有辦法一次拿出那麼大一筆錢，真的就無法開始房地產投資了嗎？

近年來，開始盛行的「合資買房」，對於資金不足的人，其實是一個不錯的選擇。比起獨資買房，一開始動輒數百萬頭期款資金的準備，如果換成合資的方式，只需要數十萬就能開始投資房地產了。不僅如此，它還包括以下幾個優點：

1. 進場門檻較低

獨資買房，負擔起來壓力較大，若是找幾個朋友一起合資買房，一個人只要拿出20～50萬，這樣的資金門檻相對較輕鬆，也能降低風險。

2. 提前進入房產市場

因為進場門檻較低，你能更快進入房地產這個世界，這是一個很大的優勢。為什麼這麼說呢？想想看，如果你在25歲就接觸房地產，跟你在45歲才開始接觸房地產，長年累積的經驗值，你覺得哪個效益會比較大？不管是否有要持續投資房

地產，這些經驗值也都能幫助在買自住房時的各方面風險評估。

3. 風險承受度較高

如果你是獨資買房，遇到房子租不出去，或是賣不到好價錢的狀況時，損失相對較慘重，畢竟你是一個人扛。如果是合資買房，就是大家一起扛，遇到狀況損失也相對較輕，風險能夠分散，而且還有人可以一起討論，不會急病亂投醫。

4. 團隊分工更有效率

選擇有不同專長的團隊夥伴，如：擅長談判議價、開發物件、跟銀行打交道，或有裝潢設計經驗等，依照每個人不同的專長，在分工上將會更有效率，也能互補，更精進成長。

5. 選擇最優惠的方式買房

在合資團隊裡，若有人是軍公教身分或有首購資格，可以選擇用該投資人的名義去買房，政府、銀行針對軍公教及首購資格者，皆有推出相關優惠貸款方案，能降低購屋者的負擔。因此，就讓政府優惠房貸或銀行首購方案幫您省錢，不是更划算嗎？

看起來，合資買房對於年輕人來說，真的是好處多多，但也因為是多人的合作，所以在合約制定上也要特別注意，才不會破壞一開始大家合作賺錢的美意。都說親兄弟明算帳，生意上的事情，務必要白紙黑字寫得清清楚楚。

在合資買房注意事項，我也整理了以下幾個重點：

◇ 慎選合作夥伴

買房投資是件大事，選擇合作夥伴需要更加謹慎，萬一遇到人品不佳、中途落跑，或是以為出錢就是老大，後續都不管的那種人，可就得不償失。為了避免遇到這種狀況，建議選擇熟識且願意負責任的人。

◇制定完整清楚的合約

　　一般而言，會一起進行合資買房的，大多為親朋好友，但就算平時關係再好，都可能會因為錢而翻臉不認人，導致合作崩盤無法繼續。為了避免日後起爭議，一定要先制定好「私人契約」，並在契約內列出持有人、房產地址、出資金額，以及若有人中間退出，誰能有優先承購權。還有最重要的，若房子賣出後，錢怎麼分配等等。總而言之，契約內容越清楚越好，也可以去請教身邊有經驗的人，把契約規則寫得更完善。

◇計算投資報酬率

　　大部分人合資買房的目的，不外乎是為了賺錢。在買房進場前，應先做好各項調查，像是坪數多少、總價多少、預估租金以及未來增值空間，策略上要買賣賺價差還是長期收租等，這些都要在買房前好好規劃清楚，才能算出相對精準的預估投資報酬率。

◇評估自身可承擔的風險

　　假如你是初學者，無法完全做到上述的方式，那麼可以從最基本的出資額來做控管，以「就當這筆錢消

失了」作爲最底線來評估出資額，那麼你就可以較爲放手的參與。剩下的就是你的合作夥伴，願不願意讓你用此金額參與合資。

14

如何評估房價

2020 年剛開始，大家最有感的就是新冠肺炎的大幅肆虐，導致全球確診與死亡人數逐漸飆升。如同 2003 年的 SARS，人心惶惶，資本市場開始賣壓沉重，股價、甚至房價等都有下跌的風險。這時，如果要買房子，當然勢必要更加的謹慎，避免買到過高的房價而套牢。

出擊吧！
奪回你的人生主導權

其實無論什麼時機，買房議價，皆包含了感性的心理層面，以及理性的數據層面。心理層面上，剛好遇上了這個全球災難，在確診人數還未受到抑制，有效的治療方法與疫苗還未問世之前，2020年上半年房價的議價空間也相對增加。而到了2020年下半年，因為台灣的疫情相對控管得宜，故大量的自住客想趁此波撿些便宜，紛紛出籠看房買房，導致市場過熱，許多仲介紛紛表示賣到沒什麼房子可賣，政府也於2020年12月推多幾項打炒房的措施。這些心理層面上的考量以及時勢的變化，實際上並不是一般人所能掌握，故底下我們會以理性的數據層面來探討，分享幾個關鍵步驟，避免買房時「買貴了」。

1.預查附近實價登錄

　　現在的人都知道實價登錄，但實價登錄不是隨便查到數據就能夠參考的，否則花時間查出來的資料，很容易被代銷或房仲打槍。舉例來說：

「太久之前的實價登錄」——代銷會說當時景氣較差，現在已回溫了。

「用三房的實價登錄來比較套房」——房仲會說小坪數總價低，能負擔的人較多，每坪單價自然會較高。

「用30年屋齡的中古屋實價登錄來比較新成屋」——房子也是會折舊的，有價值的是土地。

因此在進行議價時，要拿出具體可比較的實價登錄資料，才能避免落入買貴的風險。

搜尋實價登陸時，請設定以下條件：

(1) 建物型態要一致（公寓／華廈／住宅大樓／透天厝）。

(2) 參考近一年內實價登錄資訊，頂多參考兩年內的數據。

(3) 區域設定與你要買的房屋距離不超過500公尺，頂多1公里。

(4) 屋齡要相近，差超過10年以上較無參考價值。

(5) 建物格局，最好一樣。

(6) 面積大小要相近，差超過10坪以上較無參考價值。

(7) 車位要分開計算。

這樣得出來的資訊就比較有可信度，代銷或房仲也比較沒有話可說。這裡推薦兩個我常用的實價登錄查詢網站：

591實價登錄
https://market.591.com.tw/

內政部不動產交易實價查詢服務網
https://lvr.land.moi.gov.tw/

　　透過網站，再根據上述的條件進行查詢，你會初步有個區域行情的概念，至少能幫助你買房的價格不會超過區域行情。

2. 詢問銀行估價

　　「銀行估價」是一種投資客常用的方式，為何要請銀行幫你預先估價呢？

原因是，現今大多數人買房都需要貸款，而房貸通常是跟銀行申請，銀行要把錢借給你，就必須先知道你有沒有能力還錢。

所以銀行評估房貸有兩個重點：

(1) 每月要還款的本金加利息，借款人還得起嗎？
(2) 借款人還不出錢時，房子拍賣是否能將錢拿得回來？

這兩個是銀行在借你錢之前，一定會謹慎考慮的。第一項是用你的收入與聯徵的信用評分來評估，所以切記，不要有任何信用不良的紀錄，或是從來沒跟銀行往來的紀錄（俗稱小白）。第二項才是用你要購買的房屋與土地價值來估算可以借你多少錢，這樣未來如果你沒錢還了，銀行才有機會變賣房產來收回房貸本金。

所以銀行在借你錢的額度上，會以「銀行估價」或「實際買賣價格」，取低者進行六到八成的房貸。舉例：

某間房子銀行估價800萬，而你的實際成交價是850萬。銀行願意核貸8成給你，因此，你將貸款到800萬×0.8＝640萬。

為了在你還不出錢時，銀行得以拍賣房產拿回本金，所以銀行所估的房價通常會比較保守，因此，只要能買到比銀行估價還要低的價格，就可以確保是買在相對便宜的價格了！當然，銀行人員也不是閒閒沒事做，讓你隨便打個電話就會幫忙估價，所以在詢問之前也要先做足功課。真的有想要買的房子，才請銀行房貸專員幫忙估價，才不會讓專員白做工，因我相信，專員若覺得自己有機會做到這筆房貸的業績，也一定會很樂意幫你估價！

通常請專員幫你進行初步的估價，你需要準備以下資訊：

(1) 完整的房屋資訊
地址、屋齡、樓層、建築類型（公寓、華廈、電梯大樓、透天），如果能提供建物謄本那就更好了，可參考《全國地政電子謄本系統》

全國地政電子謄本系統
https://ep.land.nat.gov.tw/Home/EpaperManual1

(2) 貸款人的收入、財力、信用等條件證明，包括
月收入、年收入、任職公司、名下財產、目前
有沒有貸款……

(3) 預期或實際成交價格
一般可以先探探房仲口中的屋主底價，再綜合
實價登錄的資訊，判斷可能成交的價格。而通
常這個資訊是要讓行員更加感覺你已經有買房
的決定了，而非只是隨便問問。

如果你實在很懶得這樣做，或找不到願意替你估價
的房貸專員，那麼還有最後一招，你可以上銀行的智
慧估價網站，自行輸入資訊估價。以下連結，提供大
家幾個好用的房價智慧估價網站：

房價智慧估價網站
https://book.richark.com.tw/estimate

只要輸入門牌地址、屋齡、樓層、坪數就可以幫你自動估價，相當快速便利。不過也要特別提醒，線上估價相對於銀行估價的準確性較低，僅以參考為佳。

3. 建物謄本內部資訊解析

這步算是更進階了。一份不過幾十元的謄本，如果你會分析謄本內部資訊，你可以大略知道屋主的底牌，像是購買成本、有無欠債急著轉手、產權清不清楚、有沒有被限制處分……。

查看建物謄本上的他項權利部，大概就可估計屋主底價範圍與是否缺錢。

(1) 權利人：通常為金融機構，若出現非金融機構或自然人的名稱時，就有可能是民間借貸或地下錢莊。

(2) 擔保債權總金額：通常為貸款金額的 1.2 倍，也就是假如設定抵押金額是 780 萬，則貸款為 $780 / 1.2 = 650$ 萬。

假設原屋主貸款八成，則當初屋主的買進價大約為650／0.8＝812.5萬。

但由於我們不能百分之百確認當初的貸款成數，因此這個方式在計算後，還是必須搭配實價登錄、銀行估價等數字來一併分析。

4.從仲介方探查房價

其實你得了解，房價是個隨時波動的「過程」，不太會是有一個明確的答案，所以常常與多家仲介互動聊天的過程中，也可以探尋到目前市場的動態。仲介的資料庫也有許多值得參考的資訊，雖然大多和內政部的實價登錄相同，但仲介給的資料通常是整理過的，較易判讀，對初學者來說，實用的程度會大過於內政部的實價登錄。

小結論：評估房價，是門很深的學問，因為房價在上漲、盤整、下跌的狀態下，解讀市場行情都會有所不同；而每位投資人也會隨著自己的操盤策略來解讀市場行情，及運用市場行情來為自己獲利，所以拿掉想要得到一個數字的迷失，因為市場行情不是一個

數字，而是「一大堆資料」整理後得到的「有用的資訊」。關鍵在「整理」，誰能有效的整理，誰就能快速掌握市場行情。

15

房產投資全貸跟超貸
真的存在嗎？

近年來在路上，不時會看見許多建商或
網路廣告主打「0元買房」及「0自備款
買房」，吸引想買房但自備款不足的購屋
者，而所謂的零元買房大多是使用全貸或
超貸的方式，但天底下真的有那麼好的事
嗎？

首先，我們先來了解全貸跟超貸是什麼？

- 全貸＝買一間房子一千萬，貸款貸足一千萬
- 超貸＝買一間房子一千萬，貸款貸超過一千萬

零元買房，其實是可以執行的，這邊分析幾種市場上常見的零元買房方式，公布這些方法的目的，是讓大家能夠搞懂其優劣，避免落入他人的圈套。也提醒大家，不要在沒有完全了解的情況下，去使用這些方式（甚至有些是違法的），因為可能你還沒準備好，或是沒有具備風險控管的能力，若貿然使用，對你來講可能會是一個很大的災難。

1. 運用持有的房子增貸

運用持有的房子增貸房貸達成「零元買房」是一種常見的操作方式。如果家裡有一間貸款繳清的房子，就能運用這間房子去做「增貸」，貸出來的錢，當做購買另一間房子的頭期款，那當然買新的房子就不需拿出口袋裡面的半毛錢。

2. 使用信貸

在買房之前先進行信貸，再拿信貸的錢當成買房的頭期款。

但一定要提醒大家，信貸利率比房貸利率高出許多，且必須建構在個人信用良好、無遲繳紀錄、工作穩定的情況下，並且還款期限最長只有7年、無寬限期。因此一旦用了這種方式，一定要審慎評估自己的能力，日後每個月支付本利攤還時，是否能還得出錢。

3. 建商借款

市場上的預售屋或新成屋在銷售時，建商有可能會借給你頭期款，並和你約定好還款的方式，就如同信貸。這類的借款，通常未來的還款壓力都不輕，所以一定要審慎評估。另外若遇到建商借款只需還利息，但到期時需一筆大額還款，更是要留意，曾有案例因為還不出錢，房子就遭建商扣押，不可不慎。

出擊吧！
奪回你的人生主導權

4.AB合約

早年在實價登錄尙未上路前，AB約在市場上很盛行。亦即是買賣合約上是1000萬的房子，另外僞造一份假的合約爲1250萬，拿假合約到銀行貸款，即可貸下來1000萬，完全不用支付任何一毛錢。但強烈建議大家，不要用這種方式，因爲這是違法的事情，屬於僞造文書罪、詐欺罪；尤其在101年實價登錄實施後，越來越多銀行會回查實價登錄，所以做假很容易就會被銀行發現。列舉上來只是要告訴大家，市面上有人會這麼做，來得到全貸或超貸，而身爲新手的你千萬要愼思。

5.買遠低於市場行情的房子

什麼是遠低於市場行情的房子？簡單來說，就是成交價小於銀行估價。

假設你用1000萬買到了銀行估價1250萬的房子，

於是先用1000萬的買價貸款八成，貸到800萬，這時候還需要拿200萬出來，付頭期款。

接下來只要你能夠等待「一段時間」，再去請市場上任何一家銀行來重新估價，只要有任何一家銀行估價出來是1250萬，你就可以用「轉增貸」的方式，再去貸款八成，也就是1000萬，就能做到所謂的零元買房，這是個正規且合法的方式。當然這過程沒辦法，一毛錢都不拿出來，還是得要有一筆錢暫時放在房子裡面，等到完成轉增貸後，才能是零元買房的狀態。至於一段時間是多久？不同銀行不同時期，有不同的規定，就留個功課給讀者自行去問銀行囉！

買到低於銀行估價的房子，除了運氣，更重要的是，你對房價資料的收集、談判技巧以及做決定的速度才是關鍵。

16

新手房東必學，
掌握八個重點就能輕鬆
出租！

在包租公、包租婆的世界裡面，「出租」
是一件令人開心的事情，除了出租順利，
更重要的是要出租到好的價格，並且租得
長久、收得穩定，這才是每個包租公、包
租婆都期盼的事情。接下來在這篇文章
裡，將會跟大家分享幾個「出租秒殺技
巧」。

1.「畢業潮」＋「就業潮」是最佳時機

很多人不知道，在招租的週期裡，也是有分「淡季」跟「旺季」。旺季的時間大約會在五月中到九月底，跟整個台灣「畢業潮」的生態有關。一般大學生畢業的時間大約是落在六月分左右，而畢業之後就會有一群新鮮人相繼投入就業市場。

當他投入就業市場之後，可能就需要去租房子，一般而言是在夏季的時間租房。大部分的人第一次會先簽一年的時間，以一年的租約來說，在隔年的六月左右就會陸續退租，退租後，又需要找新的房子，便會帶動下一波的換房人潮。所以大部分在這樣的一個時間點，就會有一大群人出來找房子，而這在我們大數據的分析下也是吻合的。從五月中到九月底的時間，有時候會延後一點到十月中都有可能。那九月爲什麼會是一個臨界點呢？因爲學生也占了租屋市場的大宗，而這跟開學時間有關。大學生在開學前也會去找房子（開學一般都是九月底），所以這些其實都會互相影響。至於從五月中，是因爲有一群人會提前找房，不會等到眞的畢業後才來租屋，所以整體的時間

大約是五月中到九月底。

如果你的房子能夠安排在這樣的時期招租，相對來看屋的人就會變多，這時候就是供給跟需求的失衡，也就是市場上提供的屋源是不夠的，所以在這個時間點房子就比較容易租掉喔！

2.過年前的「安定潮」

通常在過年前一個月到兩個月的時間，有一波「安定潮」。要搬家的人都會趁這時候規劃搬家。不比以往過年前搬家有許多禁忌，現今社會有很多年輕人選擇在年前搬家，討個「喬遷與新春」的吉利也好過年，所以過年前會有一小波找房子的需求。但是越靠近過年，找房子的人數就會大幅減少了。

3.領完年終後的「轉職潮」

在過完年後，有一波「轉職潮」，許多上班族在領

完「年終獎金」後，就會出現一批人，因為轉職換工作而換房子，這時候市場需求就出現了，抓住這個時間點去出租，將會大大提高出租的機率。

4.簽約結束的日期調整到租屋旺季

假設現在是五月，跟房客談租約時，可以跟房客溝通簽一年兩個月的約，如此一來房客在明年退租時，便會落在七月份租屋旺季，這是租屋需求最高的時候，在供不應求的狀況下，空屋期就會更短喔！

5.營造「搶」的感覺

簡單來說，就是帶看的安排。帶看跟供給與需求有關，也就是說如果你一次只帶看一組客戶，那客戶就沒有「搶」的感覺，客戶會覺得，反正市面上這麼多房子我慢慢看就好。如果你有本事，我建議你把好幾組房客，約三～五組客人都安排在同一個時段看房，通常這也是買賣房屋仲介的做法之一，就是為了讓銷售能更有力道一些。

所以，當有一些Apple物件出現的時候，仲介就會運用這種方式，約在同一個時間點，當所有仲介都在那個時間點帶看，而在好幾組客人都有意願的情況下，就會產生「搶」的感覺，甚至還會有「加價」的可能性。

6. 屋內乾淨且隨時可入住

許多房客在入住前，都知道要將房子打掃乾淨、消毒後，才能安心入住，所以如果在看房時，房客還看到有雜物擺在角落、地板上有灰塵、煙味，或是廁所不乾淨等，這些都會大大影響房客的觀感，也瞬間破壞了第一印象，降低租屋的可能性。

建議在招租帶看前，將房子整理到最乾淨、最舒服，讓人感覺可以馬上入住的狀態；也就是如果有小雜物，建議放在儲藏室，小細節也不放過，例如浴室磁磚有無發霉、鏡子是否乾淨、馬桶是否發黃，這些都不能疏忽。

7. 空氣流通及採光很重要

　　通常房客看房一進門，最先體驗到的就是空氣的品質，如果空氣不流通甚至有股悶味，這是非常扣分的，畢竟「呼吸」是生存的必要條件。我在年輕時，租屋看房就曾遇過這樣的狀況，一打開門，滿滿濃厚的煙味和檳榔味，看不到一分鐘就趕快逃離現場了。建議在帶看前，若天氣不熱可先將窗戶打開，有悶味可以使用空氣清淨機保持空氣清新，也可使用一些香氛小物。天氣熱的話，將冷氣打開，讓租客有舒服自在的感覺。

　　再來就是「採光」。一般房客都不喜歡採光不佳的房子，如果一間房採光不好，除了會影響入住者的身體健康，也會讓人感受不到時間的流動（例如早、中、晚）。因此建議，在帶房客看房前先將所有窗簾打開，讓外面自然的光線進來，使整個空間看起來更明亮且溫暖。所有電燈也要打開，讓空間看起來更寬敞，但若採光面不夠，可以增加照明設備作為輔助。

8.廣告與實際樣貌要一致

　　在這個網路世代，大多數的租客，都是在網路上的租屋平台找房子。很多房東會在房內擺上美美的飾品，照片拍得漂漂亮亮地讓租客產生興趣。甚至還會動用拍照濾鏡或修圖軟體，畢竟，漂亮的房子誰不想住呢？

　　江湖流傳著一句話，我覺得很有趣，叫做「遠看朦朧美，近看唉娘喂。」這本來是形容在人身上，但套用在看房上面，好像也是有那麼回事。雖然有很多方法可以讓照片看起來很美，但建議不要和現場落差太大，這樣租客來到現場後，才不會覺得差很大，有種「被騙來」現場的感覺。用見網友來作比喻好了，假如你在網路上認識一個男生，照片看起來很帥，但實際見到面後，長相卻跟照片差十萬八千里，這時候心裡難免會覺得受騙吧！

　　總而言之，善用上述八個重點，在招租的速度上就有出租秒殺的機會，又或者可以拉高租金，讓投資報酬率更高。這些出租祕訣提供給大家，希望對各位讀者有幫助！

重點整理

🔑 **三個絕佳時機**
　　畢業季5－9月
　　過年前安定潮
　　轉職潮

🔑 **三個提高出租率的技巧**
　　屋內乾淨且隨時可入住
　　空氣流通及採光很重要
　　廣告與實際樣貌要一致

🔑 **簽約技巧**
　　簽約結束的日期調整到租屋旺季

🔑 **帶看秘訣**
　　多組客戶一起帶看，營造「搶」的感覺

17

如何篩選好房客

一般包租公在出租時，不會只是想要租個好價錢而已，而是希望都夠找到穩定、長期的好房客。若運氣不好遇到習慣不好的房客，衍生各種惡劣行為，像是破壞公共空間、欠租金、抽菸亂丟菸蒂、深夜吵鬧影響鄰居安寧等，這些行為都會讓人非常頭痛。

爲了避免這樣的狀況出現，建議包租公們在前期「篩選房客」的時候就要更加嚴謹，這樣在日後的管理上也會相對輕鬆。就篩選房客上，有幾個小技巧，提供給大家參考。

1. 聽說話口氣語調

　　通常房客在租屋平台上看到租屋資訊，會直接撥打電話給房東或仲介詢問，或是直接預約看房。在電話溝通的時候，就是「第一次」的房客篩選囉！

　　電話中，你就能直接感受到對方的素質。是不是有禮貌、親不親切等，若遇到講話沒禮貌的人，就毫不猶豫的回絕他吧！畢竟連初次接觸都沒禮貌的人，未來相處肯定更加不容易。我建議若遇到口氣不佳的租客詢問，可以直接婉拒。

2.詢問搬家的原因

　　詢問房客想搬家的原因。你能透過這些線索判斷，他是何種屬性的房客。另外，你還可以了解一下，對方是北漂青年嗎？還是目前跟家人同住？接著可以再追問他預計何時可以入住，若對方只是來問問的，這時候也可直接婉拒，將能省下彼此的時間。

3.詢問職業及收入

　　再來，可以向房客詢問職業的部分，職業內容會影響其生活作息及個人素質，透過職業，可以從中了解對方收入是否穩定，也藉此判斷以後繳租金會不會正常。

　　一般包租公比較少接受特殊行業的租客，因為生活作息較晚，有會影響到其他房客的疑慮。薪水不穩定的房客通常也不納入考慮，因有繳不出房租的可能性，而還在找工作的，當然風險更高。這邊提醒房東，以下三種房客需要謹慎評估：

- 特種行業者
- 薪水不穩定者
- 無工作者

4. 了解生活習慣

再來是了解生活習慣的部分。基本上我盡量是以不抽菸為主，因為我們不可能規定房客要到室外抽，而煙味會附著在家具及整個空間裡，即使退租後重新清理，除了非常麻煩，煙味要全部去除也很困難，會影響到後來的房客。

5. 是自住還是兩人同住

房客入住人數，也是必須要事先了解的，因這與空間運用有很大的關係。如果是室內僅5坪大的套房，有兩人要同住，可以先在電話中跟對方說明，空間不適合的部分，便可省去不必要的帶看時間。

再者，若兩人同住，勢必音量會比較大聲，此音量是否會影響到其他房客，就跟隔音設備、牆壁的質料有關，這也是房東必須要思考到的問題。

6. 有沒有養寵物

現在養寵物的人愈來愈多，但寵物所帶來的居住問題也很多。養寵物容易產生味道，造成環境髒亂及破壞屋內家具等問題，而且叫聲也容易影響周邊房客，一般包租公都不太接受房客養寵物，除非有特殊狀況。必要的話，在價格上也是可以有所調整。

7. 預算是否符合

許多人在找房時，會一次從租屋網上收集一堆資料後，就開始一間一間去看，卻沒仔細了解這些房子的租金，是否符合自己的預算，想說看看就好或是打算現場殺價。建議在電話中先跟對方確認，房租金額是否符合預算，以免浪費雙方寶貴的時間。

當然，前期在篩選房客上，勢必要耗費不少心力去執行，但能換來穩定長久的租客，就是最甜美的果實了。這麼做，除了能降低遇到惡房客的機率，於物件管理上，也比較不容易發生問題。

　　透過以上七個技巧，將能有效篩選出理想的房客。謹記住，一切都要謹慎，任何狀況都需要多評估，千萬不要為了租金而魯莽的隨意租出去喔！

18

如何讓出租後的管理
更輕鬆？

花了好大一番工夫，從布置、刊登、招租
到帶看，終於把房子租出去，接下來就是
出租後的管理了。而管理這件事，是很大
的一門學問，房東若希望出租後能輕鬆管
理，舒舒服服的收房租，「簽約」與「回
報機制」就要做足準備。

1.簽約時，合約及規範需註明清楚

　　跟房客簽約時，合約裡面載明的規範以及罰則，能夠寫得越詳細越好，但也要恰到好處，如果太繁瑣，可能會讓租客感到反感，而降低了租房的意願度。

　　基本上，只要把以後管理上可能會遇到的問題，盡可能往前一步寫在這份合約上面，那之後在管理上就會輕鬆許多。其實簡單來講就是責任歸屬，一開始責任歸屬跟房客能夠討論好，在出租後的管理上就會更輕鬆一點。

2.建立回報機制

　　再來就是建立起房客的回報機制。當房客發生狀況的時候，像是冷氣故障、冰箱壞掉等，他要如何跟你做聯繫處理這些事，在什麼時間能處理，什麼時間無法處理，這些都是一開始簽約時要載明好的。

所以，一開始房東就要跟房客在合約上約法三章，能在什麼樣狀況跟時間聯繫，不是訊息一來就馬上會回應，這樣便能讓出租後管理更加輕鬆。

3. 交給物業管理公司

　　當然，最輕鬆的就是交給物業管理公司做管理，因為當你的房子、房客出現狀況時，物業管理公司會直接處理，你只要花一點小錢，就能當個輕鬆的包租公，這也是個很不錯的方式。

　　以上這些出租後管理的方法分享給你，希望對你有幫助囉！

　　感謝您拿起了這本書，並耐心地閱讀到這裡。若您看到了創業買房技巧，那只是我想傳達的第一層；若您讀懂了建構系統、被動收入，那則是我想要傳達的第二層；若您意會了夢想與使命之處，那會是我想要傳達的第三層；若您參透些許的人生意義，那將是我想要傳達的第四層！

　　我想以這本書來感恩42年來的發生點滴，也以這本書來啟發相遇的每個生命，對我而言，創業、買房只是表層的工作；銷售獲利、收租賺錢，則是了解金錢的運作，溯其本源無非是要持續探索其內在在醒覺的道路上，一步步掌握人生主導權。

　　如果這本書能夠帶給您一些人生的啟發，將是我莫大的榮幸。

「房產投資的大師，
生活職涯的導師！」

外商科技公司資深經理 5.1G

時間過得很快，認識 Cosmo 也有 10 年了，第一次見到 Cosmo 是在「夢想一階」的課堂上，那堂課是我當時的女朋友（當然也是現在的老婆）送我的生日禮物。老實說，課程上了什麼不太記得了，但是對 Cosmo 穩健的台風和清晰不失詼諧的表達，留下深刻的印象。當天上課學員超過百人，中間有一段時間播放的影片和音效出了問題，Cosmo 用溫柔的聲音指示後台人員協助無效後，跟大家說了聲抱歉，便很快地自己下去協助處理，用最快的時間解決問題後，優雅地回到台上，完美地示範了一次溫和有效的團隊領導。

課後，很快地跟 Cosmo 約了第一次的個人諮詢，雖然論年紀，Cosmo 還比我小一點，但每次跟他聊天都有跟智慧長者對談的感覺，他總是充滿

堅定的力量卻又不會讓我有壓迫感。很快地諮詢範圍從財務狀況，工作背景，問到了個人感情生活。當時抱定不婚主義的我，對於家人長輩頻頻催婚很是困擾，Cosmo很有耐性地聽我描述了狀況後，告訴我：「長輩要求的，跟你自己內心想要的，其實並不衝突。」我才驚覺，我可能真的是為反對而反對，其實婚姻並非像我想得那般毒蛇猛獸。也因為這句話，我沒有錯過我的好老婆，至今我仍非常感謝Cosmo。

在職涯發展上，Cosmo一樣擔任了我的好教練。或許是背景類似，我們都是資訊科系出身，也都待過大型科技公司，他總是很快能理解我在工作上遇到的困難，不管是專業發展，人際相處，或是團隊領導，他總是能適時給出中肯的建議。雖然10多年來我一直都在同一家公司服務，但中間歷經多次職務及角色轉換，包含外派海外3年。每次轉換，Cosmo必然是我想要徵詢意見的第一人，我也從10年前的工程師，中間經歷各部門到目前

的資深經理，很感謝 Cosmo 一路陪著我成長。

最後講到房產部分，那可就是 Cosmo 的強項了，這個領域他不只是導師，而已是大師等級了。只是一直覺得有點對不起他的是，我個人在這方面天資駑鈍，看物件也比較偷懶，但即使是這樣，Cosmo 還是因材施教，用潛移默化的方式向我介紹了包括房產估價、轉增貸等知識。靠著他傳授的技巧，我們去年得以在沒有心理壓力的情況下慢慢看房，最後順利先買後賣，把自住的房子從新北市換到台北市，期間包含斡旋，議價，到成交後的房貸申請，Cosmo 都給了我們很大的幫助。對我而言，不只為我這個房產門外漢解決住的問題，老婆也對這次換屋非常滿意，促進了我們家庭和樂。

非常推薦這本書，房產投資自然是本書的核心，透過 Cosmo 大師級深入淺出的說明，相信不管是要當包租公／包租婆，或是像我一樣只是單純的自住客，都能有滿滿的收穫。另外透過本書，

您也能感受得到Cosmo字裡行間散發出來溫和卻又堅定的力量，若有機會，我也建議您一定要跟Cosmo見上一面聊聊，我個人已經試用超過10年，絕對5星推薦！

5.1G

「教會我活出豐盛生命」

外商顧問服務業專案經理 Coka

第一次見到 Cosmo 是在「夢想一階」的講座上，當時就覺得他跟坊間的「老師」很不一樣。他定義自己是教練不是老師，表面上看似是教人如何創造被動收入及財富自由，但他實際上教的是如何活出豐盛生命。他言談中隨時流露出正向積極以及那超凡的理想，也讓人每次聽到他講話都覺得醍醐灌頂。

加入「財富方舟」學習後，許多過往的觀念都被顛覆了，原來被動收入其實是個概念而不是方法，如何發揮個人天賦才華、整合資源，並架設出被動收入系統才是關鍵。在 Cosmo 與「財富方舟」團隊的幫助下，在這個許多年輕人都買不起自住房的年代，很感恩我與先生，居然還可以買下人生第二間大台北的房子收租，離自由人生更進一步。

Cosmo 願意出書分享這些年的心得，光看到目錄就知道肯定是相當實用而不藏私的。如果你想要了解財務自由與房產投資，何不先從投資這本書開始呢？

Coka

「正向、積極的典範」

C.W.C.

認識 Cosmo 轉眼也要 10 年了,當年是參加「夢想一階」而結下這難得的緣分,這 10 年間 Cosmo 稱得上是我的典範,正向、積極的態度,總是令我佩服。一路上很幸運有這樣一位教練引導,才能夠走到今天。一直以來,我努力讓每件事情能夠更穩健、更踏實,甚至更進一步地回饋社會,在這樣的原則下,慢慢累積到此時,在幾個領域能夠有些許成果,Cosmo 絕對是功不可沒。對我來說,Cosmo 不是一個多神奇的人物,也會有低潮與挫折,但他卻能夠努力堅持與實踐他的理想,真的是令人佩服,推薦各位來認識一下這位平凡而又特別的 Cosmo。

C.W.C.

「掌握局勢，就能降低風險 ！」

營養師 蘇意芳Evonne

在這時代，除了專業之外，更重要的是學習投資理財及了解趨勢，跟有經驗的人學習，才可以少走很多冤枉路。自己因為工作關係認識很多企業家老闆，發現眾多老闆中幾乎都有房產做基礎，所以才讓我開始踏入房產界。

還記得第一次上Cosmo教練的課是「買房很簡單，只要搞定3件事」，當時Cosmo很有邏輯的分析房產入門事，就點醒了我，不管在什麼業界都一定要搞清楚遊戲規則，才能掌握局勢、降低風險，而既然我們無法改變遊戲規則，那就巧妙的使用它。打破了我以往只是憑感覺、跟風亂投資的投機心態，重新整理自己關於房產界的思維，所以選擇上「實體面授課程」，來打好基礎。

Cosmo教練在沒有任何背景下，白手起家到如今成就，我相信並非偶然，是無數失敗經驗的累積才能有現在的他，而感謝他願意把自己的經驗作無

私分享，用很有系統的方式傳遞給學員，帶領大家實戰。有時除了房產資訊以外，也會引導學員領悟人生真諦，不僅金錢上富裕更是心靈上的豐盛。而他協助無數位學員成為包租公婆，幫助學員理財達到財富自由，說他是一位房產教練，我覺得更像是一位教育家。

如果現在的你沒時間上實體課程，那這本書就是你必須拜讀的房產敲門磚。所以，我在此真誠地推薦這本書，是Cosmo集結過去10多年房產實戰精華，用系統性整理的實戰秘笈，給想踏入房產界的你，或是已經在房產界想轉型的你。豐富的內容，絕對值得一看！

蘇意芳

「中年的可貴，其實就在於覺醒。」

講師、包租公、自由創作者 JJ

第一次知道 Cosmo 這號人物，是在朋友推薦下參加了「夢想一階」的一日活動，那次的活動讓我見識到所謂的「財商世界」這個至關重要，卻是從小在學校裡不教的知識。一整天緊湊又充實的活動，讓我對於「生活」與「經濟」、「現實」和「夢想」之間的連結，突然有了醍醐灌頂的突破，原來過往的思維限制了我對自由的想像，而恐懼和擔憂更是自我設限的牢籠。

就在那一天，我的心裡埋下了強烈想要改變生活樣貌的種子，並且積極的開始了改變的道路。

我給自己一個時程表，40歲以前要財富自由並離開固定職場，慢慢轉變成自己想要的生活型態；我沒有充裕的時間可蹉跎，因為我渴望自由的心，炙熱地燃燒著身體每一個細胞。當時的我家庭與工作兩頭燒，在幾乎沒有餘裕的情況下，假日一面進修EMBA，又一面硬擠出時間和Cosmo諮詢，針

對他給我的意見和功課，我不僅「達標」，甚至是「超標」的在執行。坦白說，過程並非盡如人意地順利又愉快，相反地是充滿挫折與挑戰……有好幾次我都質疑自己，還有信心走下去嗎？後來的我明白了一個道理，「問題與能力是成反比的。」而想要有所改變就必須跳脫自己的舒適圈。最終我在自己心裡設定的目標日期到達之前，更早離開了固定上下班的生活，並且在離開的那一刻，我是踏實、毫無恐懼的。

比起「財富自由」，「心靈自由」更是帶給我莫大的豐盛。Cosmo不僅一次的推薦過MKS系統的好處，而我就從MKS開始，接觸閱讀一些身心靈的書，之後用了一年時間很認真的自我操練，開啟了我如沙漠般貧瘠的心靈創富之路。開心的是，原來以前那些我不學、不懂、甚至不屑的知識，都是宇宙的真理，而我幸運的在人生的中年，有了自我學習的機會並因此改變了生命。

「中年最可貴的，其實就在於覺醒。」
覺醒了，才能認真去對待自己內心那個小孩；

覺醒了，才開始思考自己能夠為他人付出什麼；覺醒了，才有可能嘗試修補生命缺口，做回自己。心靈獨立之後，便有機會思考生存的意義，原本應該在生命一開始便認真思考的問題，卻等到進入中年才有勇氣去面對，不再盲目地隨波逐流，這是中年的覺醒，也是珍貴的禮物。能夠成為一個寬容、篤定、自信的「大人」，走在自己創造的道路上，便是歲月的祝福。心理學大師榮格曾經說：「與其做好人，我寧願做一個完整的人。」如果無法拒絕那些不想做的事，就沒有時間與精神去做真正想做的事，而這就是生命的浪費。對我而言「成功，就是能夠過自己真正想要的生活」，走出自己的道路，用自己最想要的方式，去過自己最想要的生活，並且把你生命裡面無法切割，必須要照顧好的責任盡好，就接近圓滿。

在收到Cosmo即將要出書並邀請我分享自己經歷的心得，我很樂意地寫下這些年來，改變我人生重要的兩個關鍵：「財商」和「心靈」兩個創富學習。我也曾經是一個從零開始，小白到不能再白的門外漢，「當你真心想要，全宇宙都會來幫助你。」此刻的我希望，有緣與這本書相遇的你，能因此讓你的生命更加豐富精采而幸福。

「不只 Know How，更了解自己的『能』與『不能』！」

口腔外科醫師 Lori

不知道你是否有過這種經驗，見一個人、說幾句話，心裡已經決定好這個人能不能相處，即便偶爾有判斷失誤，卻不得不說這個直覺挺準的吧？Cosmo 這個人講話不嚴肅甚至風趣，但簡單一個問句，往往會讓你感到他知道的比你想的多很多。也是這樣讓我決定選擇跟著 Cosmo 在房地產領域學習，去做一件很感興趣，卻一直裹足不前的事情。無知，會讓人因不自覺的過度自信而產生可怕的決策；未知，會讓人出現太多的恐懼與防備而一事無成，而在這裡我認為這兩件事情可以同時被解決。你不僅學到了該有的 Know-How，也了解了自己的「能」與「不能」，才能在每一個環節遇到問題的時候，得到完善的處理。

我相信，每個想踏入房地產或包租公世界的人，不管是想創造穩定的被動收入也好，想賺大錢也好，基本上都是圍繞在財富的議題。我曾經

跟Cosmo聊過馬斯洛需求層次（沒錯！他不只知道房地產，連這個都能聊，我超驚喜的），我認為需求並非層次而是並行的概念，沒有高低之分，也期許自己，當我想買下世俗眼光看似昂貴的東西時，是來自我的生理或安全需求層次，而不一定來自社會價值或社交需求。提昇自己的能力之後，多出來的時間不僅是自己的，也可以回饋於社會，進而達到自我實現。這和書中講的人生主導權，以及Cosmo自序中提到的，我們不一定要富足才能在人生中有選擇的機會，不謀而合。前提是，看完書，讓我們行動吧！

Lori

「想要的人生之道：心安而已。」

資訊系統整合商資深經理 Mark

━━━━個要用半輩子追求的事，我卻用了20天就實現它。

我曾在穩定的政府機關工作，但最後決定離開公家單位去投入市場成就自我。值此重大職涯轉換時機，我選擇「RICHARK財富方舟」、選擇Cosmo作為我的財富教練，因為我需要在離職前的一個月內，完成從選址、評估、貸款、買賣到簽約的全部流程，我們沒有犯錯的空間。最後，我們一起做到了！短短20天，我用工作幾年的積蓄與太太的全力支持，買下第一棟在大台北地區合格收租的雙捷運物件宅，它的存在，是我在甲方經歷的完美句號。

這段美好的勵志故事：「找對教練、人生起飛」聽起來無限歡喜，但我卻更想分享光鮮亮麗的背後那深深的體悟：「當我們經歷的越多，越能體會每

次的成功是多麼的不易；也讓我學會用更謙卑的心，去感謝生命的每段際遇與成全。」在Cosmo身上固然學習到專業房產知識，但於我而言，更核心的蛻變卻不是在財富而是在心態。「我們能擁有多大的器，去承載多少的量？」在我每一次投資決策的不安、忐忑與懷疑時，謝謝Cosmo的帶領，讓我試著與高於自己的存在相遇、接受然後成為。

希望此時閱讀的你／妳，能夠透過這本書瞭解RICHARK財富方舟，在這詭譎的投資市場裡，它本身的存在就是種精神象徵；能夠明白有時候真正需要的不是專業知識，而是如何使我們自己心安。

「別讓夢想沉睡，
被動收入要趁早準備！」

電腦公司處長 Terry

差不多20年前在看完《富爸爸窮爸爸》時，就興起以房屋出租來作為被動收入的念頭，但礙於年輕時資金不足、工作繁忙以及對房地產的陌生，這一步始終沒有跨出去。隨著工作專業的積累，薪資收入的成長，漸漸忽略打造被動收入的重要性，直到近期因即將邁入50歲以及FIRE概念的興起，才驚覺退休後的被動收入該從何而來？是否該趁還有點時間及早準備？

學習房地產知識，即是踏出第一步的開始。在加入「包租公養成班」的課程後，不僅快速累積租賃領域的知識，從聽教練分享、實戰看房、房產開發操練等體驗中，深入淺出地了解到包租公世界的繁雜與眉角，真是隔行如隔山啊！所幸RICHARK有財商診斷服務、多位經驗豐富的教練帶領和資源分享平台，讓包租公新手小白不覺得孤單，一路上有人陪伴披荊斬棘，解決各種疑難雜症，並強化包租公的心志與能力，帶領我將《富爸爸窮爸爸》書

上的觀念落實，讓我在圓夢的路上，築夢踏實。

在工作中結識過一些新創公司創業者，我也從 Cosmo 身上看到了創業家特質：誠信正直、有願景、勇於嘗試、樂於分享、邏輯思路清晰等等，更重要的是永遠以正面樂觀的態度面對困難與挑戰，耐心的將心法與知識傳授給包租公新手，相信也是這種領導特質與激勵鼓舞人心的魅力，才能集結各行各業的人脈菁英，創造分享、共贏的租賃生態圈。

從這本書中，可以了解 Cosmo 的成長背景，成為包租公的寶貴經驗以及創業的心路歷程，如果你也想透過合法的出租房產來創造被動收入，與市場上的包租公作出區隔、差異性，那這本書是你踏入這個領域的入門書。在成為包租公的旅途上，仍要學習許多法令、房產、裝潢等專業知識，也有許多跨界合作、人脈整合與招租技巧等心法需要去體會，而 Cosmo 絕對會是你值得信任的財商顧問、房產教練與心靈成長導師，千萬不要重蹈我讓夢想沉睡 20 年的覆轍，踏出築夢的第一步永不嫌晚，就從這本書開始，讓 Cosmo 陪伴你建構堅強穩健的被動收入，達到你期望的富足人生。

Tessy

「你願意承擔什麼樣的風險，來換取你要的好處？」

國際物流業務、斜槓爸爸 呂庚鴻

這句話是從我認識 Cosmo 到現在，一直記在心裡面的。過去的我，因為在毫無計劃之下擁有了孩子，自此踏上了投資理財的世界，而為了要賺更多錢，歷經了很多的嘗試和美麗的誤會，從加密貨幣到網路博奕；從股票到房地產。有的讓我大賺 40 萬，有的讓我慘賠近百萬，在經歷過這些之後，才更能理解 Cosmo 的這句話：「在得到好處和承擔代價間，取得一個平衡點。」我自己上過的課程不算少，但卻是第一次，有教育訓練的講師告訴我，「什麼方法都很好，但是你知道背後的原理，是什麼嗎？你能承擔，用這個方法所伴隨而來的代價嗎？」正因為自己在投資理財這條道路上摔倒過，所以更能體會，這句話的重要性。

這本書是 Cosmo 超過 10 年以上房產經驗的精華。過去的我跟大家一樣，都覺得房價這麼貴我買

不起，但其實只是我們不懂遊戲規則、不懂其中的原理而已。在財富方舟，所有的學習不講什麼旁門左道，這裡說的都是合情合法的如何去投資房地產這個領域，學習如何選擇讓我們「睡得著覺、吃得下飯、笑得出來」的投資方式。在這裡要很感謝 Cosmo 和財富方舟的各位教練們，讓我了解投資理財是快樂的。也許在過程中，會需要辛苦的鍛鍊，但想著達成目標後的喜悅，自己都會不由自主的笑出來呢！

「成爲包租公前，其實還有更重要的事：架系統。」

獨立財務顧問（IFA）冠敏

在認識 Cosmo 之前，我是在銀行理財訓練部門任職，過往投資理財經驗，均以證券化商品爲主，但可能因財經背景出身，對於風險分散的概念，深植我心。

一直在尋找不同的投資工具，想要分散自己的資金到不同的投資部位，因緣際會參加到 Cosmo 來台南舉辦包租公被動收入系統講座，在講座中有一個層面很顛覆當時 26 歲的我對於財富的認知。從不動產講座當中，認知到「架構系統」的魅力，這樣的系統並不局限於不動產，只要是可以把自己的興趣轉化成天賦才華，再將此天賦才華透過資源整合，發展成爲一個可行的系統化商業模式，那麼就可以創造被動收入。

而我理解到這樣的概念後，內心出現了一個很

安定的力量，開始挖掘自己的內心，想找到自己的興趣，進而發展出「可掌握」的被動收入模式，因為這確實是比我去尋找不同的投資工具，還要來得踏實多了。因此，加入 RICHARK，並不是因為房地產的吸引，而是我在操練「架構出自己的系統」路上，方舟的資源一定可以協助我，做到我想要的被動收入模式。

而很慶幸的，去年離開職場，踏入自己的興趣，開始展現天賦才華。我想說的是，這並非偶然，而是在多年前因參與 RICHARK 不動產合購案，讓我可以有一些被動收入的支撐，去追尋我想要的生活樣式。Cosmo 教導的不動產，並非只是工具本身，更深的層面是你的內在醒覺狀態，因為當你懂得金錢如何流動之後，人生的旅途中會更有力量去做每一件事。很感謝 Cosmo 在諮詢時，帶給我這樣的觀念，讓我的內心和諧許多！

祝福給想要透過財務得到力量的你。

「越認真，越幸運。」

南山人壽業務主任 喬今

跟建賢是從大學社團時代就認識了，從那時他就已經開始展現領導人的特質，但他的特質不屬於在電子製造業，因此在台積電工作的時間非常短暫。他在成立現在的事業體之前做了許多嘗試，跌跌撞撞中其實也吃了不少苦，而這個苦，不止是金錢上的匱乏，也有被惡意批評中傷，但他的不屈不撓讓他一路走到現在。有句話說「愈認真，愈幸運。」我想就是因為他非常的認真努力，所以陸續遇到一些貴人，這就像是一個善的循環，很認真→貴人→繼續認真→貴人→持續認真……不管是大貴人還是小貴人，他就是持續認真堅持。在人生結婚生子的階段創業，真的是不容易，但上帝賜給他一個美滿幸福的家庭，非常替他們開心。

他要的不只是自己的成功，還希望同時能幫助他人、幫助社會，在這社會上能夠真心交流不藏私的人不多，而他就是其中之一。建賢堅信，彼此信任是所有的基礎，因為有了信任才能接受到對方

的真心及付出，否則再好的資源也會變成無用的東西。他不誇大，想要短時間賺暴利的人就不用看他的書、上他的課，真心想要人生有長遠改變的，可以花點時間了解他是個什麼樣的人、他在推廣教給大家什麼事。他不求全部的人都跑來讓他賺大錢，只想找到信念相同的人，並且將其所知教予這些人，讓大家能免去太多跌跌撞撞、能共同茁壯，同時再一起回饋於這個社會。

　　對了，建賢從教育訓練起家，因此很懂得如何用「簡單的話」讓人聽得懂，也很會找到人們的問題點，進而提出解決方案。他就是一個很令人放心、安心的人，這本書一定可以讓您學到、得到，只要您先給予信任。

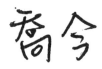

「既是創業家，更是觀察家。」

IC 設計公司業務經理 愛玩水的 BC

人與人的交集，其實是在種種交織、錯綜複雜的機緣下形成的，Cosmo 對我而言，既是朋友、是教練、是伙伴，更是我的貴人。人的一生中會遇見幾位，在你「有機會」達成重要目標時攙扶你一把，那麼 Cosmo 對我而言，正是其中一位。

若說人生是個遊樂場，那麼房地產、財商、心靈成長……這些在他眼中，就像是一站又一站的遊樂場關卡，他自己不只持續在練習，同時也帶著一群又一群的新手、老手們，在每一關的關卡過關斬將、教學相長。而我選了一關，就叫「包租公」。這一關其實需要十八般武藝，如找地點、找物件、前期規劃、施工、送審合規、竣工、招租、管理……等，這些是外功，而過程中的信心、堅定等內功，在與 Cosmo 合作的過程中，他更是毫無保留的傳授。

不同於其他創業家，我的意思是其他的創業家

也很棒,而 Cosmo 的不同在於,他既是創業家,更是觀察家。恭喜 Cosmo 出了第一本集大成的作品,相信透過他在書中的分享,必能有助於你,無論讀者是為了賺錢而讀這本書、學房地產而讀這本書,又或是對於這個人成功的經歷感到好奇而讀,我相信每次讀完這本書的感受,都大不相同!

愛玩水的B.C

更多精彩分享
https://book.richark.com.tw/foreword/

　　我們試著將本書中所提及的推薦網址、圖片、案例等，透過網站的方式持續更新，書中的 QR CODE 都指向我們精心準備的網站，希望各位讀者買書不只一時，還能得到最新的資訊，保持在市場中的敏銳度。有空時不妨逛逛我們的網站，說不定會有特別的驚喜喔！

公告處
https://book.richark.com.tw/transfer

RICHARK
財富方舟股份有限公司
https://www.richark.com.tw

Rental 123
好租一二三股份有限公司
https://rental123.com.tw

AAM
財富方舟資產管理股份有限公司
https://aam.one

國家圖書館出版品預行編目(CIP)資料

出擊吧！奪回你的人生主導權/吳建賢
著. -- 初版. -- 臺北市：大大創意有限公
司, 2021.09

　面；　公分
ISBN 978-986-99493-5-4(平裝)

1.個人理財 2.投資 3.不動產

563　　　　　　　　　　110007181

出擊吧！奪回你的人生主導權

作　　者：吳建賢
總　　監：林千肅
主　　編：莊宜憓
執行編輯：劉羽芩
美　　編：Daniel
校　　對：林思瑜

出　　版：大大創意有限公司
地　　址：台北市中山區松江路131-6號3樓
電　　話：886-2-7728-8745

經 銷 商：昶景國際文化有限公司
地　　址：新北市土城區民族街11號3樓
電　　話：886-2-2269-6367
傳　　真：886-2-2269-6408
E - mail：service@168books.com.tw

香港總經銷：和平圖書有限公司
地　　址：香港柴灣嘉業街12號百樂門
　　　　　大廈17樓
電　　話：852-2804-6687
傳　　真：852-2804-6409

法律顧問：張少騰 律師
公　　司：建業法律事務所
地　　址：台北市110信義區信義路五段
　　　　　7號62樓（台北101大樓）
電　　話：886-2-8101-1973

初版一刷：2021 年 9 月
定　　價：請參考封面

【版權所有，翻印必究】

168閱讀網
www.168books.com.tw